W9-AER-784

LA CELESTINA

FERNANDO DE ROJAS

Colección

LEER EN ESPAÑOL

DAVID GLENN HUNT
MEMORIAL LIBRARY
GALVESTON COLLEGE

español

**SANTILLANA
UNIVERSIDAD
DE SALAMANCA**

La adaptación de la obra *La Celestina,*
de **Fernando de Rojas,** para el Nivel 6 de la colección
LEER EN ESPAÑOL, es una obra colectiva, concebida,
creada y diseñada por el Departamento de Idiomas
de la Editorial Santillana, S.A.

Adaptación: **Miguel Reino**

Ilustración de la portada: **Representación de *La Celestina*
por Amparo Rivelles. Foto ROS RIBAS**

Ilustraciones interiores: **Luis Jover**

Coordinación editorial: **Elena Moreno**

Dirección editorial: **Silvia Courtier**

© de esta edición,
  1994 by Universidad de Salamanca
      Grupo Santillana de Ediciones, S.A.
Torrelaguna, 60. 28043 Madrid
PRINTED IN SPAIN
Impreso en España por UNIGRAF
Avda. Cámara de la Industria, 38
Móstoles, Madrid
ISBN: 84-294-4331-2
Depósito legal: M-4.824-2005

Quedan rigurosamente prohibidas, sin la autorización escrita
de los titulares del «Copyright», bajo las sanciones estableci-
das en las leyes, la reproducción total o parcial de esta obra
por cualquier medio o procedimiento, comprendidos la repro-
grafía y el tratamiento informático, y la distribución de ejem-
plares de ella mediante alquiler o préstamo públicos.

PRIMERA PARTE

ESCENA PRIMERA

En el jardín de la casa de Melibea. Calisto ha entrado en el jardín buscando el halcón[6] que se le había escapado mientras cazaba, y allí se encuentra con Melibea.

CALISTO.–En esto veo, Melibea, la grandeza de Dios.

MELIBEA.–¿En qué, Calisto?

CALISTO.–En que te ha dado una hermosura tan perfecta, y ha permitido que yo, a pesar de no merecerlo, alcance el placer de verte en un lugar tan conveniente para declararte mi amor. Los santos que están en el cielo[7], viendo a Dios, no disfrutan más que yo viéndote ahora a ti.

MELIBEA.–¿Consideras esto un gran premio[8], Calisto?

CALISTO.–Lo considero un premio tan grande que, si Dios me diese en el cielo un lugar entre sus santos, no sería tan feliz.

MELIBEA.–Pues yo te daré un premio todavía mayor, si insistes en tu propósito.

CALISTO.–¡Oh feliz yo, que tan maravillosas palabras he escuchado!

MELIBEA.–Más desgraciado serás cuando acabes de oírme, porque será terrible el castigo que te daré por haber intentado ensuciar con tus palabras la virtud[9] de una mujer como yo. ¡Vete, vete de aquí, atrevido, que no puede mi paciencia aceptar que me hayas declarado tus deseos de un amor prohibido!

ESCENA SEGUNDA

Calisto, que ha salido del jardín triste y enfadado, llega a su casa.

CALISTO.–¡Sempronio, Sempronio! ¿Dónde está este maldito[10] criado? Por fin apareces. Abre mi cuarto y prepárame la cama.

SEMPRONIO.–Inmediatamente lo hago, señor[11].

CALISTO.–Cierra también la ventana, porque mis tristes pensamientos no merecen ver la luz.

SEMPRONIO.–Pero, ¿qué te ocurre?

CALISTO.–¡Vete de aquí! No me hables; o, antes de mi propia muerte, con mis manos te daré violento fin.

SEMPRONIO.–Me iré, puesto que quieres sufrir tu dolor estando solo.

CALISTO.–¡Vete con el diablo[12]!

SEMPRONIO.–*(Solo. A la puerta del cuarto de Calisto.)* ¿Qué habrá sido lo que ha acabado con la alegría de este hombre? ¿He de dejarle* solo o tengo que entrar? Tal

---

* Hemos respetado el uso del «leísmo». Fenómeno admitido por la Real Academia de la Lengua y muy frecuente en amplias zonas de España, el «leísmo» consiste en el empleo del pronombre personal **le** –complemento indirecto– en vez del pronombre **lo** –complemento directo– para referirse a un objeto directo de persona («dejar**le**» en vez de «dejar**lo**»). En *La Celestina* el «leísmo» no es generalizado, alternándose el pronombre **le** con un uso minoritario del pronombre **lo**.

como está, si le dejo solo, se matará, y si entro, me matará a mí. Además, él no quiere ayuda ni consejo. En cualquier caso dejaré que pase un poco de tiempo y si, mientras, se mata, que muera.

CALISTO.–*(Llamándole desde su habitación.)* ¡Sempronio!

SEMPRONIO.–¿Señor?

CALISTO.–Canta la más triste canción que sepas.

SEMPRONIO.–*(Canta, tocando al mismo tiempo la guitarra.)*
>*Mira Nerón de Tarpeya*
>*a Roma cómo se ardía;*
>*gritos dan niños y viejos*
>*y él de nada se dolía*[13].

CALISTO.–Más grande es el fuego de mi amor[14].

SEMPRONIO.–*(Hablando consigo mismo.)* Mi señor está loco.

CALISTO.–¿Qué dices en voz baja, Sempronio?

SEMPRONIO.–Digo que cómo puede ser más grande el fuego que quema a una persona que el que quemó una ciudad como Roma y a tanta gente.

CALISTO.–Porque es más grande el fuego que mata un espíritu que el que quema cien mil cuerpos. Desde luego, si el fuego del purgatorio[15] es como éste, prefiero que mi espíritu vaya con los de los brutos animales, a ir al cielo de los santos quemándome en aquél.

SEMPRONIO.–*(Hablando consigo mismo.)* No sólo está loco, sino que además es un hereje[16].

CALISTO.–¿No te digo que hables en voz alta? ¿Qué dices?

SEMPRONIO.–Digo que lo que acabas de decir es contrario a la religión cristiana.

CALISTO.–Y a mí, ¿qué me importa?

SEMPRONIO.–¿Es que tú no eres cristiano?

CALISTO.–Yo melibeo[17] soy y a Melibea adoro[18] y en Melibea creo y a Melibea amo.

SEMPRONIO.–Por fin sé de qué pie cojeas[19]. Mal asunto es, pero yo te curaré.

CALISTO.–No lo creo. Pero, ¿por qué te parece mal que esté enamorado de Melibea?

SEMPRONIO.–Porque pones tu condición de hombre por debajo de una débil mujer.

CALISTO.–¿Mujer? ¡Oh grosero! Creo y afirmo que Melibea es Dios, y no confío en alcanzarla.

SEMPRONIO.–¿Por qué dudas que alcanzarás a esa mujer, cuando sabemos que otras muchas nobles mujeres se entregaron a hombres de muy baja clase social?

CALISTO.–¡Qué barbaridades dice este maldito!

SEMPRONIO.–Llenos están los libros de malos ejemplos de las mujeres. ¿Quién te podría contar sus mentiras, sus falsas lágrimas[20], sus cambios de carácter, sus engaños, su locura, su orgullo y su lujuria[21]? ¡Oh, qué aburrido es tratar con ellas más que aquel poco tiempo que sirven para el placer! ¿Y temes no ser capaz de conseguir a Melibea? Piensa que mereces que te ame: eres un hombre atractivo, con dinero y querido por todos.

CALISTO.–Pero no por Melibea, que en todo es superior a mí. Piensa en su hermosura, de la cual te pido que me dejes hablar un poco. Comienzo por sus cabellos[22]. Más hermosos son y brillan más que el oro. Sus ojos son verdes y alargados; las cejas, estrechas; la nariz y la boca, pequeñas; los dientes, blanquillos; los labios, muy rojos; la cara, algo más larga que redonda; y ¿quién podría describirte la gracia de sus pequeños pechos?

SEMPRONIO.–*(Hablando consigo mismo.)* ¡En sus trece está[23] este tonto!

CALISTO.–Las manos pequeñas; los dedos largos, con preciosas uñas coloradas...

SEMPRONIO.–Pues, aunque todo eso sea verdad, sólo por el hecho de ser hombre, ya eres superior a ella. Además, yo me encargaré de que se cumplan tus deseos.

CALISTO.–Dios te dé el premio que mereces. De momento, el jubón[24] que ayer vestí, es para ti.

SEMPRONIO.–*(Hablando consigo mismo.)* Si regalos como éste me da, le traeré a Melibea hasta la cama.

CALISTO.–¿Cómo has pensado hacer esta obra de caridad[25]?

SEMPRONIO.–Hace mucho tiempo que conozco una vieja que se llama Celestina, mujer astuta y hechicera[26]. Creo que, gracias a su gran experiencia, se han hecho y deshecho en esta ciudad más de cinco mil virgos[27].

CALISTO.–¿Podría hablar con ella?

SEMPRONIO.–Yo te la traeré hasta aquí.

CALISTO.–¿Por qué tardas en hacerlo?

SEMPRONIO.–Ya voy. Adiós.

Calisto se queda solo.

CALISTO.–¡Oh Dios, que todo lo puedes! Te pido que ayudes a mi criado Sempronio para que convierta mi tristeza en alegría, y para que yo merezca alcanzar mi propósito.

ESCENA TERCERA

Sempronio ha llegado a casa de Celestina.

CELESTINA.–*(Al ver acercarse a Sempronio, avisa a la prostituta que está en el piso de arriba.)* ¡Elicia, Elicia, viene Sempronio!

ELICIA.–¡Calla!

CELESTINA.–¿Por qué?

ELICIA.–Porque está un hombre conmigo.

CELESTINA.–Escóndelo.

SEMPRONIO.–*(Entrando.)* ¡Señora Celestina, gracias a Dios que te encuentro en casa!

CELESTINA.–¡Rey mío! Me has asustado. *(Entreteniéndole, para que Elicia tenga tiempo de esconder al hombre con el que estaba.)* ¡Dame otro abrazo! ¡Elicia! ¡Mírale aquí!

ELICIA.–¿A quién, señora?

CELESTINA.–A Sempronio.

ELICIA.–¡Ay! ¡Ojalá mueras a manos de tus enemigos!

SEMPRONIO.–¿Qué te pasa, Elicia?

ELICIA.–¡Qué desgraciada es la que se enamora de ti! Tres días hace que no vienes a verme.

SEMPRONIO.–¡Calla, señora mía! Donde yo voy, conmigo vas. Pero dime, ¿qué pasos suenan en el piso de arriba?

ELICIA.–Son de un enamorado mío.

SEMPRONIO.–Pues, bien lo creo.

CELESTINA.–Sempronio, no hagas caso a Elicia, que es capaz de decir mil locuras. Ven y hablemos.

SEMPRONIO.–Pero, ¿quién está arriba?

CELESTINA.–¿Quieres saberlo? Una muchacha que tengo preparada para el cura gordo.

SEMPRONIO.–¡Oh desgraciada muchacha, qué peso tan grande la espera!

CELESTINA.–Las mujeres todo lo soportamos.

SEMPRONIO.–Está bien, pero enséñame a la muchacha.

ELICIA.–¿Quieres verla? ¡Pues sube y olvídame a mí para siempre!

SEMPRONIO.–*(Asustado por la reacción de Elicia.)* ¡Calla, Dios mío! ¿Te enfadaste? Pues no la quiero ver a ella ni a ninguna otra mujer que no seas tú. Lo único que quiero ahora es hablar con Celestina. Señora mía, coge tu manto[28] y vámonos. Por el camino te contaré cosas que pueden ser muy provechosas para ti y para mí.

CELESTINA.–Vamos. Elicia, hija, quédate con Dios[29]; cierra la puerta.

Sempronio y Celestina, mientras se dirigen a casa de Calisto.

SEMPRONIO.–Quiero que me escuches atentamente: Calisto está muy enamorado de Melibea y nos necesita a ti y a mí para lograr sus propósitos. Puesto que a los dos nos necesita, los dos nos aprovecharemos de esta situación. Pero callemos, porque ya estamos a la puerta de su casa y, como dicen, las paredes tienen oídos[30].

ESCENA CUARTA

Dentro de casa de Calisto.

CALISTO.–*(Al oír golpes en la puerta.)* ¡Pármeno! ¿No oyes, maldito sordo? Están llamando a la puerta. ¡Corre!

PÁRMENO.–*(Desde dentro de la casa.)* ¿Quién es?

SEMPRONIO.–*(Desde fuera.)* Ábrenos a mí y a Celestina.

PÁRMENO.–Señor, son Sempronio y una puta[31] vieja.

CALISTO.–¡Calla y no hables mal de esa señora! ¡Corre, abre!

PÁRMENO.–¿Por qué te molesta, señor, que la llame así? ¿Piensas que a ella le ofende el nombre con que la llamé? No lo creas, porque ella se alegra tanto al oírlo como tú cuando dicen «buen caballero es Calisto». Si entre cien mujeres está la vieja y alguien dice «¡puta vieja!», ella responde con cara alegre. Si pasa entre los perros, sus ladridos dicen «¡puta vieja!»; si está cerca de los pájaros, éstos no cantan otra cosa; si pasa cerca de los burros, éstos rebuznando[32] dicen «¡puta vieja!», y si una piedra choca con otra, lo que suena es: «¡puta vieja!».

CALISTO.–Y tú, ¿por qué la conoces?

PÁRMENO.–Hace muchos años que mi madre, mujer pobre, fue vecina de Celestina y me puso de criado en su casa; aunque ella no me conoce, porque fue poco el tiempo que la serví[33] y muchos los cambios que la edad ha hecho en mí. Tenía esta mujer cerca del río una casa medio caída y allí practicaba sus oficios: decía ser costurera, pero en realidad tenía gran experiencia en arreglar virgos; era alcahueta y un poquito hechicera. Amiga de estudiantes y de los criados de los curas, a éstos vendía ella la virginidad[27] de las muchachas. Se hacía pasar también por médica de niños, para así tener pretexto con que entrar en todas las casas y tratar con todo tipo de personas.

CALISTO.–Déjalo, Pármeno. Agradezco tus avisos, pero te ruego que no impidas mi felicidad por envidia de Sempronio; que si para él hubo jubón, para ti no faltará capa[34]. Pero ahora, basta; vamos a recibir a esa mujer.

CELESTINA.–*(Todavía fuera de la casa, y hablando en voz baja.)* Oigo pasos; finge[35], Sempronio, que no los oyes y déjame decir en voz alta lo que nos interesa a ti y a mí.

CALISTO.–*(Que oye hablar a Sempronio y a Celestina.)* Pármeno, espera. Escucha lo que están hablando.

CELESTINA.–*(Fuera.)* Sempronio, sientes tanto la pena de tu amo Calisto, que parece que eres tú el afectado y no él.

Pues créeme que yo vengo dispuesta a resolver este caso o a morir en el intento.

CALISTO.–¡Oh, qué extraordinaria es esta mujer y qué buen criado es Sempronio! ¿Has oído, Pármeno?

PÁRMENO.–Están diciendo lo que oyes porque te han visto o porque te han oído bajar por la escalera.

CALISTO.–¡Pármeno, abre! *(Entran Celestina y Sempronio.)* ¡Mira qué mujer tan respetable! Señora, deseo llegar a ti para besar tus manos.

CELESTINA.–*(Hablando de forma que sólo la oigan Sempronio y Pármeno.)* Sempronio, dile que cierre la boca y que abra el bolsillo para pagar mis servicios.

CALISTO.–¿Qué decía esa mujer? Me parece que pensaba que le ofrecía palabras por no darle dinero.

SEMPRONIO.–Eso me pareció entender.

CALISTO.–Pues, ven conmigo; trae las llaves del arca[36], que yo resolveré sus dudas.

ESCENA QUINTA

Calisto y Sempronio salen de la sala, dejando solos a Celestina y a Pármeno.

CELESTINA.–Me alegro, Pármeno, de habernos quedado solos porque así tengo oportunidad para declararte todo el amor que te tengo, aunque no lo merezcas. Y digo que no lo mereces, por las palabras contrarias que te oído decir antes y de las que no hago caso. Has de saber que Calisto está enfermo de amor. Y eso no debe extrañarte porque el amor sobre todas las cosas triunfa. Y apréndete, si todavía no las conoces, estas dos grandes verdades: la primera, que es necesario que los hombres y las mujeres se amen; la segunda, que el que verdaderamente ama, debe sufrir mucho antes de alcanzar el dulce placer que acompaña al amor. ¿Qué me dices a esto, Pármeno? Ven aquí, que no sabes nada de la vida ni de sus placeres. Pero no te acerques tanto, que ya tienes la voz grave y te empieza a crecer la barba. ¡Qué nerviosa debes de tener la punta de la barriga[37]! ¿Te ríes, hijo?

PÁRMENO.–Calla, señora, y no me consideres tan tonto, aunque sea joven. Lo que ocurre es que no querría ver enfermo a mi amo.

CELESTINA.–No lo está... pero si lo estuviese, podría curarse.

PÁRMENO.–¡Con la ayuda de una puta vieja como tú!

CELESTINA.–¿Cómo te atreves a decir eso?

PÁRMENO.–Porque te conozco.

CELESTINA.–¿Quién eres tú?

PÁRMENO.–Pármeno, el hijo de Alberto y de Claudina. Mi madre me colocó de criado tuyo durante un mes.

CELESTINA.–¡Dios mío! ¿Y tú eres Pármeno, hijo de Claudina? ¡Pues has de saber que tan puta vieja era tu madre como yo! ¿Recuerdas cuando dormías a mis pies?

PÁRMENO.–Sí, desde luego. Y también recuerdo que algunas veces, aunque era niño, me apretabas contra ti, y yo me escapaba porque olías a vieja.

CELESTINA.–¡Qué cosas dice este loco! Déjate de bromas y óyeme ahora, hijo mío. Que, aunque por otro motivo he sido llamada, y a pesar de haber fingido contigo ahora, tú eres la auténtica causa por la que he venido. Bien sabes que tu madre te confió a mí, y tu propio padre murió tranquilo porque le prometí que te cuidaría. Mucho tiempo te he buscado hasta encontrarte, y mucho he sufrido sabiendo que andabas por tantas partes sin hacer verdaderas amistades. Por eso, debes confiar en mis consejos, que son de una verdadera madre. Y mi consejo es que sirvas a este amo que has encontrado, pero con inteligencia; no creas las falsas promesas de los señores, los cuales se aprovechan de sus criados y después olvidan los servicios prestados y los premios prometidos. Lo digo, porque este amo tuyo quiere utilizarnos a todos y ahora tenemos ocasión para que todos nos aprovechemos de él.

PÁRMENO.–Celestina, me asusta oírte. No sé qué hacer. Por una parte, tú eres como mi madre; por otra, Calisto es mi amo. Riquezas deseo, pero no querría dinero mal ganado.

CELESTINA.–Yo sí. A mí no me importa que el dinero esté bien o mal ganado. Si tú quisieras, ¡qué buena vida tendríamos! Sempronio ama a Elicia, la prima de Areúsa.

PÁRMENO.–¿De Areúsa, por quien yo muero de amor?

CELESTINA.–De Areúsa, hijo. Y, para suerte tuya, yo puedo conseguir que Areúsa te haga caso.

PÁRMENO.–Pero, Celestina, si hago lo que me dices, no quiero que lo sepa nadie; para que al menos no se conozca mi pecado y no sirva de mal ejemplo.

CELESTINA.–Calla, tonto. En estos asuntos de amores el placer consiste en contar las cosas y en comentarlas con los amigos: «Esto hice»; «esto me dio»; «de tal manera la tomé»; «así la besé»; «así me mordió»; «así la abracé»; «¿cómo te fue?» ¿Puede haber placer si no se cuentan estas cosas a alguien? Esto es lo principal en el amor, porque lo otro[38] lo hacen mejor los burros en el campo.

PÁRMENO.–Temo, señora, estar recibiendo un mal consejo.

CELESTINA.–¿Ah, sí? Pues entonces abandono este negocio.

PÁRMENO.–*(Hablando consigo mismo, asustado.)* Celestina está enfadada. Tengo dudas para aceptar su consejo. Ciertamente es un error creer a todos, pero también es un error no creer a nadie. Por otra parte es humano confiar, sobre todo en ésta que promete conseguirme beneficios; además, siempre he oído que debemos creer a nuestros mayores. Y, en definitiva, ¿qué me aconseja Celestina? Que tenga buenas relaciones con Sempronio. Pues quiero agradarla y oírla. *(En voz alta.)* Señora, perdóname, que quiero hacerte caso.

CELESTINA.–Me alegro de que veas claro este asunto. Pero callemos, que se acercan Calisto y Sempronio.

ESCENA SEXTA

Vuelven a la sala Calisto y Sempronio.

CALISTO.–*(Entregando a Celestina una bolsa con dinero.)* Recibe, señora, este pequeño regalo de aquel que al mismo tiempo te ofrece su propia vida.

PÁRMENO.–*(Hablando en voz baja.)* ¿Qué le ha dado, Sempronio?

SEMPRONIO.–*(En voz baja.)* Cien monedas de oro. ¿Habló contigo la vieja?

PÁRMENO.–*(En voz baja.)* Calla, que sí.

SEMPRONIO.–*(En voz baja.)* Y ¿cómo estás?

PÁRMENO.–*(En voz baja.)* De acuerdo contigo, aunque todavía muy asustado.

CALISTO.–Vete, señora, y tráeme pronto buenas noticias.

CELESTINA.–Dios quede contigo.

CALISTO.–Y que Él te guarde.

ESCENA SÉPTIMA

Celestina sale. Queda Calisto con sus criados.

CALISTO.–Cien monedas le di a Celestina. ¿Hice bien?

SEMPRONIO.–Desde luego, porque yo te aseguro que es mejor repartir las riquezas que tenerlas. Por eso alégrate de haber sido tan generoso; y, si quieres mi consejo, vuelve a tu habitación y descansa, porque este asunto está en muy buenas manos.

CALISTO.–Sempronio, no me parece bien que yo quede acompañado y que vaya sola aquella que busca medicina para mi enfermedad. Mejor será que vayas con ella.

SEMPRONIO.–Señor, querría ir para así obedecer tus órdenes y meter prisa a la vieja; pero, por otro lado, querría quedarme contigo para que no sufras acordándote de Melibea.

CALISTO.–Sempronio, amigo, si tanto te preocupa mi soledad, que se quede Pármeno conmigo. *(Sempronio se va a acompañar a Celestina. Calisto se dirige ahora a Pármeno.)* Pármeno, ¿qué te parece lo que ha pasado hoy? Mi pena es grande, Melibea inalcanzable, Celestina tiene experiencia en estos negocios; no podemos equivocarnos. Prefiero darle a ésta cien monedas que a otra cinco.

PÁRMENO.–*(Hablando consigo mismo.)* ¿Ya se arrepiente del dinero que le ha dado?

CALISTO.–Puesto que estoy pidiendo tu opinión, Pármeno, no hables sin que yo te oiga. ¿Qué has dicho?

PÁRMENO.–Digo, que deberías usar tu generosidad en hacerle regalos a Melibea, y no en dar dinero a esa vieja.

CALISTO.–Entiende que, cuando hay mucha distancia entre la amada y el enamorado, como ocurre entre Melibea y yo, se necesita un intermediario que suba de mano en mano mi mensaje. Y, puesto que así es, dime si te parece bien lo que he hecho.

PÁRMENO.–Señor, una cosa mal hecha es causa de otras.

CALISTO.–No entiendo por qué lo dices.

PÁRMENO.–Lo digo, señor, porque perder el otro día el halcón fue la causa de que tú entrases en el jardín de Melibea a buscarlo; tu entrada en el jardín fue la causa de verla y hablar con ella; al hablar con ella nació el amor; el amor provocó tu pena; la pena provocará perder tu cuerpo y tu alma, y lo que más siento es que has caído en manos de esa alcahueta.

CALISTO.–La alegría que me da Sempronio con sus obras, me la quitas tú con tus palabras.

PÁRMENO.–Pasarán estos fuegos que te hacen sufrir y comprobarás que mis amargas palabras son mejores para matar este dolor que las dulces palabras de Sempronio.

CALISTO.–¡Calla, calla, loco! No aguanto más. Saca un caballo y límpialo bien, que quiero pasar por delante de la casa de esa señora que es mi Dios. Si viene Sempronio con Celestina, diles que esperen, que en seguida volveré.

Calisto sale a caballo. Pármeno se queda solo.

PÁRMENO.–¡Oh desgraciado de mí! Por ser leal[39] sufro el enfado de mi señor. Pero si el mundo es así, actuaré como todos, puesto que a los malos llaman listos y a los buenos nos llaman tontos. Destruya, rompa, queme su casa, si quiere; gaste Calisto su dinero en alcahuetas, que a pesar de todo, yo obtendré mi parte, pues con razón dicen: «a río revuelto, ganancia de pescadores[40]».

ESCENA OCTAVA

En la calle. Sempronio está a punto de alcanzar a Celestina.

SEMPRONIO.–*(Hablando consigo mismo.)* ¡Qué despacio va ahora la vieja! Más deprisa venía cuando le dije que la llamaba Calisto. *(Alcanzando a Celestina.)* ¡Eh, señora Celestina!

CELESTINA.–¿A qué vienes, hijo?

SEMPRONIO.–Nuestro enfermo tiene mucha prisa.

CELESTINA.–Todos los enamorados tienen mucha prisa, sobre todo las primeras veces que se enamoran, y no piensan en el daño que pueden hacerse a sí mismos e, incluso, a sus criados.

SEMPRONIO.–¿Qué dices? No pongamos en peligro nuestras personas, pase lo que pase. Si consigue pronto a Melibea, bien; si no, que sea el año próximo, y si no, nunca. Que es mejor que sufra el amo y no que corramos peligro los criados. Así que haz lo que creas más conveniente para todos, porque seguro que no es éste el primer asunto de amores del que te has encargado.

CELESTINA.–¿El primero, hijo? Escribo en mi lista a todas las muchachas que nacen en esta ciudad para saber cuántas se me escapan. ¿Qué pensabas? ¿Tengo yo un oficio distinto a éste, gracias al cual gano para vivir?

SEMPRONIO.–Dime, señora, ¿de qué hablaste con mi compañero Pármeno, cuando subí con Calisto por el dinero?

CELESTINA.–Le dije que podía ganar más uniéndose a nosotros que dando consejos tontos a Calisto y le recordé quién era su madre para que no se burlara de mi oficio. No te preocupes, yo haré que Pármeno se una a nosotros.

SEMPRONIO.–¿Cómo?

CELESTINA.–Haré que consiga a Areúsa.

SEMPRONIO.–¿Y crees que podrás alcanzar algo de Melibea?

CELESTINA.–Te diré cómo veo yo la situación: Melibea es hermosa, Calisto loco y generoso. Ni a él le preocupa gastar su dinero ni a mí trabajar, así que haremos que este asunto tarde en solucionarse el mayor tiempo posible para aumentar nuestros beneficios. Ahora voy a casa de Pleberio, y aunque sé que al principio hallaré contraria a Melibea, no es ésta la primera muchacha a quien yo he hecho cambiar de opinión. Al comienzo todas son difíciles; pero, cuando se deciden, nunca querrían descansar. Pasan de ser señoras a convertirse en esclavas[41]; dejan de mandar y son mandadas; rompen paredes, abren ventanas, inventan enfermedades. Y sabiendo esto, voy más tranquila a casa de Melibea.

SEMPRONIO.–Señora, mira bien lo que haces. Piensa que su padre es noble; su madre, muy preocupada por su hija y Melibea es su hija única; si les falta ella, les faltará toda su riqueza. Me asusto al pensarlo.

CELESTINA.–Si así es como me animas, Sempronio, no te necesito como compañero.

ESCENA NOVENA

En casa de Celestina.

ELICIA.—*(Viéndolos entrar.)* ¡Qué increíble, Sempronio! ¡Es la segunda vez que vienes hoy a esta casa!

CELESTINA.—Calla, tonta, y dame todo lo necesario para hacer un conjuro[42] al diablo.

ELICIA.—Toma, señora; aquí lo tienes. Sempronio y yo nos vamos arriba.

Celestina se queda sola.

CELESTINA.—Te conjuro, oh diablo, señor de los infiernos[43], castigador de las almas pecadoras. Yo, Celestina, tu más conocida amiga, te conjuro a que vengas sin retraso a obedecer mis deseos y a meterte dentro de este hilo[44], hasta que Melibea lo compre; de manera que, cuanto más lo mire, tanto más se mueva su corazón a hacerme caso. Y, si esto cumples, pídeme a cambio lo que quieras. Pero si no lo haces, me volveré tu mayor enemiga; romperé con luz tus cárceles tristes y oscuras; descubriré cruelmente tus continuas mentiras. Y una y otra vez yo te conjuro. Y así confiando en mi poder, me voy a casa de Melibea, con la seguridad de que en este hilo te llevo envuelto.

SEGUNDA PARTE

ESCENA PRIMERA

En casa de Melibea.

LUCRECIA.—*(Viendo llegar a Celestina.)* Celestina, señora, bienvenida seas. ¿Qué te trae por aquí?

CELESTINA.—Hija, el deseo de ver a tus señoras, la vieja y la joven, porque desde que cambié de barrio no he vuelto a visitarlas.

LUCRECIA.—¿Sólo por eso saliste de tu casa? Me extraña, porque tú no sueles hacer nada sin sacar beneficio.

CELESTINA.—Vengo también a vender un poco de hilo.

LUCRECIA.—¡Ya lo decía yo! Pues por casualidad mi señora, la vieja, está cosiendo una tela y necesita hilo. Entra y espera aquí. *(Lucrecia va al interior de la casa, donde habla con Alisa.)*

ALISA.—¿Con quién hablas Lucrecia?

LUCRECIA.—Señora, con aquella vieja que tiene una cuchillada[45] en la cara; aquella que vivía cerca del río.

ALISA.—No la conozco.

LUCRECIA.—No sé cómo no la recuerdas; la que vendía muchachas a los curas, deshacía mil matrimonios y fue castigada por hechicera.

ALISA.—Dime su nombre, si lo sabes.

LUCRECIA.—¿Si sé su nombre, señora? No hay niño ni viejo en toda la ciudad que no lo sepa. Pero vergüenza tengo de decirlo. Celestina se llama.

ALISA.–No puedo dejar de reír viendo lo poco que debes de querer a esa vieja, que incluso su nombre tienes vergüenza de decir. Pero ya voy recordándola; no me digas más. Algo me vendrá a pedir. Dile que suba.

LUCRECIA.–*(A Celestina.)* Sube, señora.

CELESTINA.–*(Entrando a la sala.)* Señora, Dios esté contigo y con tu noble hija. Para ayudarme en mi pobreza, no he encontrado mejor solución que ir por las casas vendiendo un poco de hilo, y he sabido por tu criada que tienes necesidad de ello.

ALISA.–Vecina, si el hilo es bueno, te será bien pagado.

CELESTINA.–¿Bueno, señora? Ojalá que mi vida y mi vejez[46] fuesen tan buenas como él.

ALISA.–*(Llamando en voz alta.)* Melibea, hija. *(Melibea se acerca.)* Recibe a esta mujer porque a mí se me está haciendo tarde para ir a visitar a mi hermana que, como sabes, está muy enferma.

CELESTINA.–*(Hablando consigo misma.)* Por aquí anda el diablo arreglándome esta situación, con la enfermedad de la hermana. ¡Diablo, buen amigo, llévatela de aquí!

ALISA.–¿Qué dices, amiga?

CELESTINA.–Digo, señora, que por la enfermedad de tu hermana ya no habrá oportunidad para nuestro negocio.

ALISA.–No te preocupes. Melibea, ocúpate tú de esta vecina y págale lo que sea justo por el hilo. Otro día podremos vernos más tiempo.

CELESTINA.–Señora, en buena compañía quedo. Dios la deje disfrutar de sus pocos años. *(Se va Alisa.)* Porque la vejez es sólo enfermedad, sufrimiento continuo, preocupación por el futuro y proximidad de la muerte.

MELIBEA.–¿Por qué hablas tan mal de lo que todo el mundo desea alcanzar?

CELESTINA.–Todos desean llegar a la vejez porque vivir es dulce. Pero ¿quién te podría contar, señora, los inconvenientes de la vejez? Sus sufrimientos, sus preocupaciones, sus enfermedades, las arrugas de la cara; los dientes que se caen; el oído que se pierde; los ojos que no ven; las fuerzas que faltan...

MELIBEA.–Pues si esto es así, ¿querrías volver a ser joven?

CELESTINA.–Loco es, señora, el viajero que, cansado del trabajo del día, quisiera comenzar la jornada para volver otra vez al lugar en que ya se encuentra. Además, nadie es tan viejo que no pueda vivir un año más, ni tan joven que no pudiese morir hoy mismo.

MELIBEA.–Por lo que dices, me parece recordar que ya te conocía. ¿Eres tú Celestina, la que vivías junto al río?

CELESTINA.–Así es, señora.

MELIBEA.–¡Qué vieja te has vuelto! Si no fuera por esa cuchillada de la cara, no te reconocería. Te recordaba hermosa. Estás muy cambiada.

CELESTINA.–Señora, si tú detienes el paso del tiempo, yo haré que no cambie mi aspecto físico.

MELIBEA.—Celestina, me ha alegrado mucho verte. Toma tu dinero y vete, que me parece que no has comido.

CELESTINA.—Las necesidades materiales no son siempre las más importantes. Pues si tú me das permiso, te diré la verdadera causa por la que he venido.

MELIBEA.—Di, señora, todas tus necesidades; que, si yo las puedo solucionar, con mucho gusto lo haré.

CELESTINA.—¿Mis necesidades? Más bien de otros, que las mías yo sola las resuelvo; porque a pesar de mi pobreza, nunca me ha faltado dinero para comprar pan y vino.

MELIBEA.—Pide lo que quieras, sea para quien sea.

CELESTINA.—¡Muchacha noble y llena de hermosura! Tu agradable conversación me da valor para decírtelo. He dejado muy enfermo a un hombre que está seguro de que se curará con una sola palabra salida de tu noble boca.

MELIBEA.—Vieja honrada, soy feliz si es necesaria mi palabra para lograr la salud de algún cristiano; así que no dejes de pedírmelo por vergüenza o por miedo. ¡Por Dios, dime quién es ese enfermo!

CELESTINA.—Seguramente conocerás, señora, a un caballero joven, hombre de noble familia, que se llama Calisto.

MELIBEA.—¡Ya, ya! No me digas más. ¿Ése es el enfermo por el que has venido a buscar la muerte para ti, vieja atrevida? ¿Qué dolor tiene ese loco, que con tanto interés vienes? ¡Ojalá mueras quemada, alcahueta falsa, hechicera!

CELESTINA.–*(Hablando consigo misma.)* ¡Pobre de mí, si no me ayuda el diablo!

MELIBEA.–¿Todavía te atreves a hablar entre dientes[47] delante mí? ¿Querrías acabar con mi virtud para dar vida a un loco? ¿Querrías perder y destruir la casa y la honra[48] de mi padre? Respóndeme, ¿cómo te has atrevido a hacer esto?

CELESTINA.–Señora, déjame acabar mis palabras y verás cómo se trata sólo de una obra de caridad. Si no fuese así, no me atrevería yo a hablarte de Calisto.

MELIBEA.–¡No digas el nombre de ese loco; si no, aquí mismo me caeré muerta! Ese Calisto es el que el otro día me vio y empezó a decirme locuras de enamorado. Dile que se olvide de sus propósitos y que no espere de mí otra respuesta. Y da gracias a Dios, pues te vas de aquí sin castigo.

CELESTINA.–*(Hablando consigo misma.)* ¡A otras más fuertes he hecho cambiar yo!

MELIBEA.–¿Qué dices entre dientes, enemiga? ¿Qué podías querer tú para un hombre como ése?

CELESTINA.–Señora, lo que te pido es que me escribas una oración de Santa Polonia[49], que le dijeron que tú conocías para el dolor de muelas. Y también pido tu cordón[50], que tiene fama de haber tocado todas las reliquias[51] que hay en Roma y en Jerusalén.

MELIBEA.–Si eso querías, ¿por qué no lo dijiste en seguida?

CELESTINA.–Señora, porque mi buena intención me hizo creer que no pensarías nada malo.

MELIBEA.–Tanto afirmas tu inocencia, que me haces dudar. Perdono lo pasado, porque mi corazón se alegra al ver que es obra de caridad curar a los enfermos.

CELESTINA.–¡Y qué enfermo, señora! Parece un ángel[52] del cielo. Estoy segura de que no era tan hermoso aquel Narciso[53] que se enamoró de sí mismo, cuando se vio en el agua de la fuente. Y ahora le tiene destruido el dolor de una sola muela, y no deja de quejarse.

MELIBEA.–¿Y cuánto tiempo hace?

CELESTINA.–Unos veintitrés años, señora.

MELIBEA.–Ni te pregunto eso ni tengo necesidad de saber su edad, sino cuánto tiempo hace que tiene el dolor.

CELESTINA.–Señora, ocho días. Y sólo se siente mejor tocando la guitarra y cantando canciones tristes. Mira, señora, qué contenta estaría una pobre vieja como yo de devolver la salud a quien tiene tantas virtudes.

MELIBEA.–Cómo siento haberme enfadado contigo. Para que me perdones quiero cumplir lo que me pides y darte mi cordón. Y como hoy ya no me va a dar tiempo a escribir la oración antes de que regrese mi madre, ven a recogerla mañana con mucho secreto.

LUCRECIA.–*(Hablando consigo misma.)* ¡Perdida está mi señora! ¿En secreto quiere que venga Celestina? ¡Le querrá dar algo más de lo que ha dicho!

MELIBEA.–Señora, no le cuentes a ese caballero lo ocurrido, para que no me tenga por cruel o atrevida.

LUCRECIA.–*(Hablando consigo misma.)* Mal va este asunto.

CELESTINA.–Señora Melibea, me voy tan alegre con tu cordón, que me parece que a Calisto ya le estará avisando su corazón del favor que nos has hecho.

MELIBEA.–Más haré por tu enfermo, si fuese necesario.

CELESTINA.–*(Hablando consigo misma.)* Más será necesario y más harás aunque no se te agradezca.

MELIBEA.–¿Qué dices?

CELESTINA.–Digo, señora, que todos te lo agradecemos. *(A Lucrecia, mientras se dirigen hacia la puerta.)* Y tú, Lucrecia, hija, pásate por mi casa, que quiero darte algo para ponerte esos cabellos rubios como el oro, y para quitarte el mal olor de la boca.

LUCRECIA.–¡Dios te dé buena vejez porque más necesitaba todo eso que comer!

CELESTINA.–Entonces, ¿por qué hablas contra mí, loquilla, en voz baja? Calla, porque no sabes si me vas a necesitar en cosas de más importancia.

MELIBEA.–¿Qué le estás diciendo a Lucrecia?

CELESTINA.–Señora, que te recuerde que debes escribir la oración. Y, con tu permiso, me voy, porque, si algo he alcanzado para aquel caballero, ahora lo estoy perdiendo con el retraso en comunicarle las buenas noticias.

MELIBEA.–Vete con Dios.

—*Me voy tan alegre con tu cordón, que me parece que a Calisto ya le estará avisando su corazón del favor que nos has hecho.*

ESCENA SEGUNDA

Celestina, andando por la calle.

CELESTINA.—¡Oh, qué cerca estuve de la muerte! ¡Oh diablo amigo, a quien yo conjuré, qué bien cumpliste tu palabra en todo lo que te pedí! ¡Qué agradecida te estoy! ¡Oh vieja Celestina! ¡Más beneficio sacarás de este negocio que de arreglar quince virgos! ¡Cuántas otras se habrían equivocado en lo que yo he acertado! ¿Qué hubieran hecho estas nuevas maestras de mi oficio, sino responder algo a Melibea con lo que se hubiera perdido todo lo que yo, callando, he ganado?

SEMPRONIO.—*(Que ve acercarse a Celestina.)* O yo no veo bien o aquélla es Celestina. ¿Por qué viene hablando sola? *(A Celestina, que ya ha llegado junto a él.)* ¿Quién te vio nunca por la calle, como vas ahora, con la cabeza baja, sin mirar a nadie y hablando entre dientes? Dime, por Dios, ¿qué noticias traes? Por mi amor, señora, no sigas andando sin contármelo.

CELESTINA.—Sempronio, amigo, no es éste buen lugar para hablar. Ven conmigo y delante de Calisto oirás cosas maravillosas; porque, aunque vas a tener alguna partecilla del beneficio, quiero para mí todo el valor del trabajo.

SEMPRONIO.—¿Una partecilla sólo? Mal me parece.

CELESTINA.—Calla, loco, que te daré todo lo que tú quieras. Todo lo mío es tuyo; nunca discutiremos sobre el modo de repartir los beneficios, aunque bien sabes que tenemos muchas más necesidades los viejos que los jóvenes.

SEMPRONIO.–*(Hablando consigo mismo.)* Esta vieja codiciosa[54] quiere también engañarme a mí como a mi amo para hacerse rica.

CELESTINA.–¿Qué dices, Sempronio? ¿Con quién hablas?

SEMPRONIO.–Lo que digo, señora mía, es que me habías dicho que querías que este negocio durara mucho para aumentar nuestro provecho; y ahora vas corriendo a decirle a Calisto todo lo que ha pasado.

CELESTINA.–No pensé yo que mi buena suerte me iba a responder tan bien. Calla, tonto, y deja actuar a tu vieja.

SEMPRONIO.–Está bien, pero cuéntame todo lo que pasó.

CELESTINA.–Calla, y vayamos deprisa, porque Calisto estará loco con mi mucho retraso.

Desde la casa de Calisto, Pármeno ve llegar a Celestina y a Sempronio.

PÁRMENO.–*(Dirigiéndose a Calisto.)* ¡Señor, señor!

CALISTO.–¿Qué quieres, loco?

PÁRMENO.–Veo venir a Sempronio y a Celestina.

CALISTO.–¿Y por qué no bajas corriendo a abrir la puerta? ¿Qué noticias traen? ¡Oh mis tristes orejas! Preparaos para lo que podáis oír porque de las palabras de Celestina depende el descanso o la tristeza de mi corazón.

CELESTINA.–*(Entrando a casa de Calisto.)* ¡Oh, mi señor Calisto! ¿Qué mujer se vio nunca en tan difícil situación como yo me he visto hoy? ¿Con qué pagarás a esta vieja que se ha jugado la vida por servirte?

PÁRMENO.–*(Hablando con Sempronio aparte.)* Escucha con atención, Sempronio, y verás cómo no le pide dinero porque el dinero se puede repartir fácilmente.

CALISTO.–¡Señora mía, acaba pronto o toma esta espada[55] y mátame!

PÁRMENO.–*(Hablando con Sempronio aparte.)* Todos acabaremos de luto[56] por culpa de estos amores.

CELESTINA.–¿Espada, señor? La vida te quiero dar con las buenas esperanzas que te traigo.

CALISTO.–¿Buenas esperanzas, señora?

CELESTINA.–Buenas se puede decir, pues queda abierta la puerta para mi regreso y antes me recibirá a mí, a pesar de mi falda rota, que a otra vestida con ricas telas.

PÁRMENO.–*(Aparte.)* Sempronio, ¿lo ves? ¡Ya le habló de su falda rota!

SEMPRONIO.–*(Aparte.)* ¿Callarás o te mandaré al diablo?

PÁRMENO.–*(Aparte.)* Esta puta vieja querría ganar en un día todo lo que no ha podido conseguir en cincuenta años.

SEMPRONIO.–*(Aparte.)* Déjala, porque habrá de repartir sus beneficios con nosotros o se arrepentirá.

CALISTO.–Dime, por Dios, señora, ¿cómo entraste a su casa? ¿Qué ropa vestía? ¿En qué parte de la casa estaba? ¿Qué cara te mostró al principio? Si no quieres que me desespere, dime rápidamente si tuviste éxito.

CELESTINA.–Traigo convertida en suavidad toda su dureza y su enfado cambiado en dulzura. Y, para que estés tranquilo, has de saber que el final fue muy bueno.

CALISTO.–Siéntate, señora, que de rodillas quiero escucharte. Dime, ¿con qué pretexto entraste en su casa?

CELESTINA.–Con el de venderle un poco de hilo, que es un pretexto con el cual he cazado ya más de treinta muchachas como ella, e incluso a algunas más altas.

CALISTO.–Serían más altas en estatura[57], señora, pero no en hermosura y nobleza, no en gracia, no en simpatía.

PÁRMENO.–*(En voz baja.)* Sempronio, se te cae la baba[58] oyéndole a él decir locuras y a ella mentiras.

SEMPRONIO.–*(Igual.)* Sólo por tratarse de cosas de amores, aunque fuesen mentiras, las tenías que oír con gusto.

CALISTO.–¿Qué es esto, mozos[59]? ¡Mientras yo escucho con atención, vosotros habláis en voz baja para molestarme! Di, señora, ¿qué hiciste cuando te viste sola con ella?

CELESTINA.–Le conté cómo sufrías por su causa y, al decirle tu nombre, me mandó callar, llamándome hechicera y vieja mentirosa. Yo, mientras esto me decía, me quedé en un rincón, callada. Cuanto ella más me ofendía, más me alegraba yo, porque la veía más próxima a entregarse.

CALISTO.–¿Qué más ocurrió?

CELESTINA.–Le dije que tu pena la provocaba un dolor de muelas y que lo que yo quería para ti, era una oración que ella conocía.

CALISTO.–¡Oh maravillosa astucia[5]! ¡Oh mujer extraordinaria en su oficio! Ahora sé que acerté al confiar en ti y, si no consigo mi propósito, creeré que no fue posible hacer más para salvarme.

CELESTINA.–Señor, déjame acabar, porque se va haciendo de noche. Y ya sabes: el mal busca la oscuridad, y temo algún mal encuentro cuando vaya para mi casa.

CALISTO.–Haré que te acompañen mis criados.

PÁRMENO.–*(En voz baja.)* ¡Sí, sí; para que no fuercen[60] a la niña!

CALISTO.–¿Dices algo, Pármeno?

PÁRMENO.–Señor, que será bueno que Sempronio y yo la acompañemos hasta su casa, porque está muy oscuro.

CALISTO.–Es buena idea. Pero sigue, señora, dime qué más ocurrió. ¿Qué te respondió cuando le pediste la oración?

CELESTINA.–Que me la daría con gusto. Y más le pedí.

CALISTO.–¿Qué más, mi vieja honrada?

CELESTINA.–Un cordón que ella siempre tiene puesto y con el cual le dije que se curaría tu dolor de muelas porque había tocado muchas reliquias.

CALISTO.–¡Oh, por Dios, toma toda esta casa para ti y todo lo que hay en ella y dime qué te contestó!

CELESTINA.–Por un manto que tú des a esta vieja, yo pondré en tus manos lo que ella llevaba en su cuerpo.

CALISTO.–¿Qué dices de un manto? ¡Mañana dispondré que te hagan una falda y un manto! Pero ahora enséñame aquel santo cordón que mereció tocar un cuerpo como el de Melibea.

CELESTINA.–Toma este cordón, señor, y, si no me muero, prometo que te entregaré también a su dueña.

CALISTO.–¡Oh feliz cordón, que has tocado aquel cuerpo que yo no merezco servir! Te veo entre mis manos y no lo creo. *(Mientras lo acaricia.)* ¡Oh cordón, cordón!

CELESTINA.–Deja ya, señor, esas locuras, que casi estás rompiendo el cordón de tanto acariciarlo.

CALISTO.–¡Oh cordón, qué secretos habrás visto tú de aquel extraordinario cuerpo!

SEMPRONIO.–Señor, ¿por disfrutar del cordón no querrás ya disfrutar de Melibea?

CALISTO.–¿Qué dices, loco?

SEMPRONIO.–Que dejes hablar a Celestina.

CALISTO.–¿Te estoy haciendo enfadar, señora, con mis palabras o está borracho este mozo?

CELESTINA.–Aunque no lo esté, señor, debes tratar al cordón como cordón y no como si fuera Melibea misma.

CALISTO.–¡Oh mi señora, déjame disfrutar con este mensajero de mi placer! Déjame salir por las calles enseñando este tesoro, para que los que me vean sepan que no hay en el mundo hombre más feliz que yo. ¿Y la oración?

CELESTINA.–No me la dio todavía. Pero quedamos en que, si tu dolor no desaparece, volveré mañana a buscarla.

CALISTO.–Y ¿cómo, sin conocerla, te atreviste a entrar?

CELESTINA.—¿Sin conocerla? Cuatro años fueron mis vecinas. Bien me conoce su madre, aunque Melibea se ha hecho grande y hermosa.

CALISTO.—¿Dices que Melibea es hermosa? ¿Hay otra mujer igual en el mundo? ¿Hizo Dios otro cuerpo mejor?

CELESTINA.—Calla, señor, y no te canses. Y déjame llevar el cordón, porque lo necesito.

CALISTO.—¡Oh triste de mí, que yo querría pasar en su compañía esta noche larga y oscura! ¡Pármeno! Acompaña a esta señora hasta su casa.

CELESTINA.—Señor, quede Dios contigo. Mañana volveré. Ten paciencia y piensa en otras cosas.

CALISTO.—Eso no, porque sería herejía[16] olvidar a Melibea, por quien vivo.

ESCENA TERCERA

Celestina y Pármeno hablan por la calle.

CELESTINA.—Pármeno, aunque te trato como a un hijo, tú sigues hablando contra mí en presencia de Calisto. Bien pensaba yo que, después de mis buenos consejos, ibas a cumplir lo que me prometiste. Querría que Sempronio y tú fueseis como hermanos, porque estando bien con él, estarías bien con tu amo y con todo el mundo. Si os ayudáis el uno al otro, aumentará vuestro beneficio.

¡Oh, qué feliz sería yo, si tú y Sempronio fueseis muy amigos y si vinieseis a mi pobre casa a verme y también a divertiros con un par de muchachas!

PÁRMENO.–¿Muchachas, señora?

CELESTINA.–¡Claro que sí! Como la que ya disfruta Sempronio, aunque a él no le tengo tanto cariño como a ti.

PÁRMENO.–Recordarás que no hace mucho prometiste conseguirme a Areúsa.

CELESTINA.–No lo he olvidado. Vayamos hacia su casa.

PÁRMENO.–No confiaba ya en poder alcanzarla.

CELESTINA.–Es normal tu desconfianza, pues no sabías, como ahora, que tienes a tu favor a una maestra como yo. *(Han llegado a la puerta de la casa de Areúsa.)* Entremos sin hacer ruido, para que no nos oigan las vecinas. Tú espérame aquí abajo hasta ver qué puedo conseguir.

ESCENA CUARTA

En casa de Areúsa.

AREÚSA.–*(Desde dentro de su habitación.)* ¿Quién anda ahí?

CELESTINA.–Una amiga tuya, aunque vieja.

AREÚSA.–Señora, ¿cómo vienes a visitarme tan tarde? Ya me estaba desnudando para acostarme.

CELESTINA.–¿Tan temprano, hija?

AREÚSA.–Quiero volver a vestirme porque tengo frío.

CELESTINA.–No; métete en la cama y hablaremos.

AREÚSA.–De acuerdo, porque me siento mal hoy todo el día.

CELESTINA.–¡Qué hermosa estás! Déjame mirarte toda entera, que me gusta. *(Celestina, levantando la ropa de la cama, mira y, al mismo tiempo, toca a Areúsa.)*

AREÚSA.–No me toques, señora, que me haces reír y la risa me aumenta el dolor.

CELESTINA.–¿Qué dolor, amor mío?

AREÚSA.–Sí, que ya hace cuatro horas que muero de dolor de la madre[61].

CELESTINA.–Pues déjame tocarte, que algo sé yo de este sufrimiento.

AREÚSA.–Más arriba siento el dolor, sobre el estómago.

CELESTINA.–Pero ¡qué gorda y qué fresca estás! ¡Qué pechos y qué gracia! Ya me parecías hermosa, cuando sólo había visto lo que todos podían ver; pero ahora te digo que no hay en la ciudad tres cuerpos como el tuyo. Por Dios, es pecado que no dejes disfrutar de esta belleza a todos los que te quieren bien, porque Dios no te dio la hermosura para ocultarla debajo de tanta ropa. Lo que debes hacer es permitir que disfrute de ti algún hombre.

AREÚSA.–Dame alguna solución y no te burles de mí.

CELESTINA.–A mí siempre me venían bien los olores fuertes. Aunque otra solución encontraba yo siempre mejor, pero no te la quiero decir puesto que pareces tan santa.

AREÚSA.–¿Cuál es, por mi vida, señora?

CELESTINA.–¡Anda, que bien me entiendes!

AREÚSA.–¡Ya, ya! ¿Pero qué quieres que haga? Sabes que mi amigo se marchó ayer a la guerra y yo no debo engañarle. Pero dejemos eso y dime a qué has venido.

CELESTINA.–Ya sabes lo que te he dicho de Pármeno. Sabes que le quiero como a un hijo. Es compañero de Sempronio, el amigo de tu prima Elicia; los dos sirven a ese señor que tú conoces y de quien tantos favores podrás obtener. No niegues lo que tan poco te cuesta hacer. Ha venido conmigo, y está esperando abajo. ¿Permites que suba? Si estás de acuerdo, disfrute él de ti y tú de él.

AREÚSA.–¿Cómo quieres que haga eso? Si se entera mi amigo, me matará.

CELESTINA.–¿Cómo? ¿Y tienes miedo a tu amigo que está fuera de la ciudad? ¿Qué harías si estuviese aquí? ¡Ay, hija, si vieses qué bien le va a Elicia, que tiene un hombre en la cama, otro en la puerta y otro que suspira por ella! Y con todos cumple y a todos muestra buena cara, y todos piensan que son muy queridos y cada uno piensa que no hay otro. ¿Y tú temes que con dos amigos que tengas te van a descubrir? Nunca uno solo me gustó; nunca en uno solo puse todo mi interés. Debes tener, por lo menos, dos amigos, igual que tienes dos orejas, dos pies, dos manos y dos sábanas en la cama. Y si quieres más de dos, mejor para ti. *(A Pármeno, que espera en el piso de abajo.)* Sube, Pármeno.

AREÚSA.–¡Que no suba! Que me muero de vergüenza.

CELESTINA.–Hablaré yo por los dos, porque tan vergonzoso es él como tú.

PÁRMENO.–*(Que ha subido, y entra tímidamente en la habitación de Areúsa.)* Señora...

AREÚSA.–Sé bienvenido.

CELESTINA.–¡Acércate aquí, burro! ¿Cómo vas a sentarte en el rincón? Oídme los dos lo que os digo. Ya sabes tú, Pármeno, amigo, lo que te prometí; y tú, hija mía, lo que te he pedido. Él siempre ha vivido sufriendo por ti y yo sé que no le querrás matar; y también sé que te parecerá bien que se quede esta noche en tu casa.

AREÚSA.–¡Por mi vida, madre, eso no!

PÁRMENO.–*(En voz baja, al oído de Celestina.)* ¡Madre mía, que no salga yo de aquí sin conseguirla; que verla me ha matado de amores!

AREÚSA.–¿Qué te dice ese señor al oído? ¿Piensa que tengo que hacer algo de lo que pides?

CELESTINA.–Dice, que es muy feliz con tu amistad. Y también me promete que desde este momento será muy amigo de Sempronio y actuará contra su amo en un negocio en el que estamos trabajando. ¿Verdad, Pármeno?

PÁRMENO.–Sí lo prometo, sin duda.

CELESTINA.–¡Acércate aquí, vergonzoso, que, antes de irme, quiero ver cuánto vales! ¡Disfrútala en esta cama! Confío en que mañana tú estarás sin dolor y él sin color.

AREÚSA.—*(A Pármeno.)* ¡Ay, señor mío, no me trates así, que yo no soy de las que públicamente venden sus cuerpos por dinero! ¡Mira que está presente la vieja! ¡No toques mi ropa hasta que se vaya Celestina!

CELESTINA.—¿Qué te pasa, Areúsa? ¡Parece que no sé yo qué es esto; y que nunca vi a un hombre y a una mujer estar juntos; y que nunca disfruté de lo que tú disfrutas ahora!

AREÚSA.—Señora, si me equivoqué, perdóname. Acércate más, y que haga él lo que quiera, porque más quiero tenerte contenta a ti, que a mí misma.

CELESTINA.—Me voy porque me dais envidia.

AREÚSA.—Dios vaya contigo.

PÁRMENO.—Señora, ¿quieres que te acompañe?

CELESTINA.—Sería desvestir a un santo para vestir a otro[62]. Dios os acompañe, que yo no tengo miedo de que me fuercen en la calle.

Al día siguiente.

PÁRMENO.—¿Cómo hay tanta luz en esta habitación? ¿Está ya amaneciendo[63]?

AREÚSA.—Duerme, señor, que nos acabamos de acostar. ¿Cómo va a ser ya de día? Abre esa ventana y lo verás.

PÁRMENO.—*(Abriendo la ventana.)* Tengo razón yo, señora, que ya es de día. ¡Oh, qué tarde es! Mi amo me dará un gran castigo.

AREÚSA.—Pues a mí no se me ha quitado todavía el dolor de la madre.

PÁRMENO.–Y ¿qué quieres, mi vida?

AREÚSA.–Que curemos mi mal.

PÁRMENO.–Señora mía, si con lo hecho no basta, perdóname, porque es ya mediodía y, si me retraso aún más, no seré bien recibido por mi amo. Volveré mañana y todas las veces que quieras. ¿Por qué no vas hoy a las doce a comer con Sempronio y conmigo a casa de Celestina?

AREÚSA.–Iré con gusto. Vete con Dios y cierra la puerta.

PÁRMENO.–Queda tú con Dios.

Pármeno, mientras va a casa de Calisto.

PÁRMENO.–¿Qué hombre hay o ha habido más feliz que yo? ¿A quién contaré yo este placer? ¿A quién descubriré tan gran secreto? Por suerte veo a Sempronio en la puerta de casa.

ESCENA QUINTA

En casa de Calisto.

SEMPRONIO.–Pármeno, amigo, si yo supiese en qué lugar se gana el dinero durmiendo, me iría a vivir allí. Por tu retraso pienso que te has quedado esta noche a dar calor a la vieja o a rascarle los pies, como cuando eras pequeño.

PÁRMENO.–¡Oh Sempronio, amigo y más que hermano! ¡Recíbeme con alegría y te contaré cosas maravillosas!

SEMPRONIO.–Cuenta, cuenta. ¿Es algo de Melibea?

PÁRMENO.—De otra que yo más quiero, y que, si no me engaño, puede compararse con ella en gracia y hermosura.

SEMPRONIO.—¿Qué es esto, loco? ¿Ya todos estamos enamorados? ¡El mundo se va a perder! Calisto ama a Melibea, yo a Elicia; tú, por envidia, has buscado alguna con quien perder la poca razón que tienes. ¡Y eras tú el que dabas consejos a Calisto que no quieres para ti mismo, diciéndole que dejara de amar a Melibea! Ahora ves qué fácil es corregir vidas ajenas y qué difícil ocuparse cada uno de la suya. Ya veremos cómo actúas desde ahora.

PÁRMENO.—No me has dado tiempo a decirte cuánto te he de ayudar en todo y qué arrepentido estoy del pasado.

SEMPRONIO.—Mucho me gustan tus palabras. Pero, por Dios, dime ¿qué te ha ocurrido?

PÁRMENO.—Pues, ¿a qué crees que se debe todo el placer que traigo, sino a que he alcanzado a Areúsa?

SEMPRONIO.—¿Qué quiere decir que la has alcanzado? ¿Estaba subida en alguna ventana, o qué?

PÁRMENO.—Digo que la he dejado con la duda de si va a tener un hijo o no.

SEMPRONIO.—Asustado me tienes. ¡Seguro que la vieja ha participado en este asunto!

PÁRMENO.—¿Por qué lo sabes?

SEMPRONIO.—Porque ella me había dicho que te quería mucho y que te conseguiría a Areúsa.

PÁRMENO.–Está claro que «quien a buen árbol se arrima[64]...» ¡Oh, hermano, qué te podría contar yo de la belleza de aquella mujer, de su simpatía y de la hermosura de su cuerpo!

SEMPRONIO.–Dime más bien cuánto le pagaste.

PÁRMENO.–Nada, aunque hubiera sido dinero bien gastado. Lo que he hecho es invitarla a comer en casa de Celestina y, si estás de acuerdo, iremos todos allí.

SEMPRONIO.–¡Qué alegría tan grande me has dado! No dudo ya de tu amistad. Abrazarte quiero. Seamos como hermanos. Comamos y disfrutemos, que Calisto pasará hambre por todos.

PÁRMENO.–¿Y qué está haciendo ahora ese desesperado?

SEMPRONIO.–Allí está, acostado junto a la cama, donde le dejaste anoche; ni se ha dormido ni está despierto.

PÁRMENO.–¿Y no me ha llamado ni se ha acordado de mí?

SEMPRONIO.–No se acuerda de sí mismo, ¿va a acordarse de ti?

PÁRMENO.–Pues mientras se despierta, cogeré comida para llevarnos a casa de Celestina: pan blanco, buen vino y los pollos que trajeron el otro día. Si Calisto echa algo de menos, le haré creer que él mismo lo comió.

SEMPRONIO.–Subamos a ver qué hace.

Escuchan desde la puerta de la habitación de Calisto.

CALISTO.–¿Quién habla en la sala? ¡Mozos! ¿Es muy de noche? ¿Es ya hora de acostarse?

PÁRMENO.–Más bien, señor, ya es tarde para levantarse.

CALISTO.–Dime, Sempronio, ¿está mintiendo este loco que me quiere hacer creer que es de día?

SEMPRONIO.–Olvida, señor, un poco a Melibea y verás claramente que es de día.

CALISTO.–Ya veo que es verdad, pues suenan las campanas que llaman a misa. Dame mis ropas; iré a la iglesia a rezar. Pediré a Dios que Melibea haga caso a mi amor o, en caso contrario, que ponga fin a mi triste vida.

SEMPRONIO.–No tengas tanta prisa. Tú querrías que te hubieran traído ayer envuelta en su cordón a Melibea, como si hubieras mandado comprar cualquier otra cosa en una tienda.

CALISTO.–No quiero tus consejos ni aguantarte palabras con que enciendes más las llamas que me consumen. Me voy a la iglesia y no volveré a casa hasta que me llaméis para decirme que ha regresado Celestina.

SEMPRONIO.–Come algo para que puedas aguantar tanto tiempo.

CALISTO.–Sempronio, mi buen criado, haré lo que me dices porque sé bien que quieres tanto mi vida como la tuya. *(Después de comer lo que Sempronio le ha servido.)* Esperad a la vieja y dadme buenas noticias. Quedaos con Dios. *(Calisto sale de casa.)*

PÁRMENO.–¡Vete con el diablo!

SEMPRONIO.–Pármeno, ya es hora de irnos a comer a casa de Celestina.

PÁRMENO.–Vamos en seguida.

ESCENA SEXTA

En casa de Celestina.

CELESTINA.–*(Viendo llegar a Pármeno y Sempronio)* ¡Muchachas, muchachas! ¡Bajad en seguida, que hay aquí dos hombres que me quieren forzar!

ELICIA.–Hace ya tres horas que estamos esperando. Sin duda el perezoso Sempronio, que no tiene ganas de verme, ha sido la causa del retraso.

SEMPRONIO.–Piensa que el que tiene que servir a un amo, no es libre. ¿Por qué no nos sentamos a comer?

ELICIA.–¡Para comer sí tienes prisa!

SEMPRONIO.–Después discutiremos; comamos ahora. Siéntate tú primero, señora Celestina.

CELESTINA.–Sentaos vosotros. Poneos cada uno junto a su amiga; yo, que estoy sola, pondré junto a mí el vino. Desde que me hice vieja, no sé hacer otra cosa en la mesa que servir el vino. Por las noches, en invierno, no hay nada mejor que el vino para calentar la cama, porque con dos vasitos que beba, no siento frío en toda la noche. Esto me calienta la sangre; esto me hace estar siempre alegre; esto me mantiene fresca. Esto quita la tristeza del corazón; esto da valor al joven y fuerza al viejo; da color al descolorido y valor al cobarde; saca el frío del estómago, quita el mal olor de la boca, cura el dolor de muelas. Podría deciros de él muchas más virtudes. Sólo tiene un defecto: que el bueno vale caro y el malo hace daño. De forma que el buen vino cura el cuerpo, pero deja enfermo al bolsillo.

SEMPRONIO.—Comamos, que después nos ocuparemos de los amores de nuestro loco amo y de la hermosa Melibea.

ELICIA.—¡Aléjate de mí! *(Se levanta, enfadada, de la mesa.)* ¡Vomitar[65] quiero todo lo que tengo en el estómago, después de haberte oído llamar hermosa a Melibea! Una hermosura como la suya se compra con dinero en las tiendas. Conozco yo en la calle donde ella vive cuatro muchachas más hermosas que Melibea, la cual, si algo tiene de hermosa es por la ropa cara que viste. ¡Por mi vida, que creo que soy tan hermosa como vuestra Melibea!

AREÚSA.—Pues si la ves, como yo la he visto sin arreglarse, no creo que ese día pudieras comer de asco[66]. A pesar de ser joven, tiene unos pechos enormes, como si ya hubiese tenido tres hijos. El vientre no se lo he visto, pero creo que lo tendrá tan flojo como una vieja de cincuenta años. No sé qué ha visto en ella Calisto, para dejar de amar a otras que podría alcanzar con menos trabajo.

SEMPRONIO.—Ya, pero lo cierto es que Calisto y Melibea son nobles, y los miembros de la alta sociedad se buscan unos a otros. Por eso es lógico que Calisto prefiera a Melibea antes que a otra.

CELESTINA.—Por mi vida, dejad estas conversaciones molestas. Y tú, Elicia, vuelve a sentarte a la mesa.

ELICIA.–¿Tengo que comer yo al lado de ese maldito que me discute que es más hermosa Melibea que yo?

SEMPRONIO.–Calla, mi vida, que tú has hecho la comparación.

AREÚSA.–Ven, prima, a comer; si no, me levantaré también yo de la mesa

ELICIA.–Me sentaré para agradarte a ti.

CELESTINA.–Vayamos a lo que nos interesa. Decidme, ¿cómo dejasteis a Calisto?

PÁRMENO.–Se fue desesperado, medio loco, a la iglesia, a pedir a Dios que nos ayude a comer bien estos pollos que le hemos robado, y asegurando que no volvería a casa hasta que le lleves a Melibea.

CELESTINA.–Estos enamorados, como Calisto, ni comen, ni beben, ni ríen, ni lloran, ni duermen, ni están despiertos, ni sufren, ni descansan, ni están contentos ni se quejan. Si hablas con ellos, nunca te contestan algo lógico. En un sitio tienen el cuerpo, pero el corazón y la cabeza los tienen con sus amigas. Si vosotros habéis estado enamorados, sabréis que digo la verdad.

SEMPRONIO.–Señora, estoy completamente de acuerdo contigo, porque Elicia provocó hace tiempo que yo estuviera como ahora está Calisto: medio loco, con el cuerpo cansado, la cabeza vacía, durmiendo mal por el día, estando despierto por las noches, saltando paredes y haciendo otras mil cosas de enamorado. Pero todo lo doy por bien hecho, pues me sirvió para ganarla.

ELICIA.–¡Muy seguro estás de que soy tuya! Has de saber que en cuanto tú no estás, traigo a casa a otro que quiero más que a ti.

CELESTINA.–Hijo, no le hagas caso, que dice locuras. Y todo porque has hablado aquí bien de Melibea. Creo que está deseando acabar de comer, para lo que yo sé. Y Areúsa, lo mismo. Disfrutad vuestros hermosos años. Besaos y abrazaos, que a mí no me queda otra cosa sino disfrutar viéndolo. *(Las dos parejas se besan y se acarician.)* ¡Cómo reís y disfrutáis! ¿En esto ha terminado vuestro enfado? ¡Cuidado, no tiréis la mesa!

Se oyen golpes en la puerta.

ELICIA.–Señora, están llamando a la puerta.

CELESTINA.–Mira, hija, a ver quién es.

ELICIA.–O la voz me engaña, o es mi amiga Lucrecia.

CELESTINA.–Ábrele, que también a ella le interesa lo que hablamos aquí; aunque, como vive encerrada en casa de Melibea, no disfruta de sus mejores años.

AREÚSA.–Eso es verdad, porque las que sirven en casas de señoras ricas ni disfrutan de la vida ni conocen los dulces placeres del amor. Por eso he preferido vivir en mi pequeña casa, libre y dueña de mí misma, antes que servir como criada en ricos palacios.

CELESTINA.–Y has hecho muy bien. Pero dejemos ahora esta conversación porque entra Lucrecia. Dime Lucrecia, cuál es la causa de tu visita.

LUCRECIA.–Vengo para pedirte el cordón de mi señora. Además, ella te ruega que la vayas a visitar, y muy pronto, porque se siente muy cansada y sufre desmayos[67] y dolor del corazón.

CELESTINA.–Pues mucho me admira que le duela el corazón a una mujer tan joven.

LUCRECIA.–*(Hablando consigo misma.)* ¡Mentirosa! ¡Bien sabes tú de qué se trata!

CELESTINA.–¿Qué dices?

LUCRECIA.–Señora, digo que vayamos en seguida y que me des el cordón.

CELESTINA.–Vámonos, que yo lo llevo.

TERCERA PARTE

ESCENA PRIMERA

En casa de Melibea.

MELIBEA.–*(Sola.)* ¡Oh desgraciada de mí! ¿Por qué no acepté el otro día lo que Celestina me pidió para aquel señor, del cual me enamoré en cuanto le vi. ¡Oh mi buena criada, Lucrecia! ¿Qué pensarás cuando me veas contar públicamente lo que ni siquiera a ti he querido descubrir? ¡Oh, si ya vinieses con aquella que es la medicina de mi salud! ¡Oh Dios, que todo lo puedes! Te pido que me des fuerzas para controlar mi terrible pasión y no perder mi virginidad. Pero, ¿cómo podré evitarlo, si me ha herido tan cruelmente la presencia de aquel caballero? ¡Oh débiles mujeres! ¿Por qué no podemos también nosotras descubrir nuestro amor, igual que los hombres?

LUCRECIA.–*(Fuera. A Celestina.)* Espera un momento en la puerta. Iré a ver con quién está hablando mi señora. *(Volviendo a buscarla.)* Entra, que está sola.

MELIBEA.–¡Oh vieja honrada, bienvenida seas! *(A Lucrecia.)* Retírate, Lucrecia. *(Lucrecia sale de la habitación.)*

CELESTINA.–¿Qué dolor es ése, señora, que asoma incluso a tu hermosa cara?

MELIBEA.–¿Qué dices? ¿Has descubierto, con sólo verme, la causa de mi mal?

CELESTINA.–¿Cómo quieres, señora, que adivine la causa? Lo que digo es que me da mucha pena verte tan triste.

MELIBEA.—Vieja honrada, devuélveme tú la alegría, que me han hablado mucho de tu gran experiencia. Me parece que, si tú quieres podrías curar mi corazón.

CELESTINA.—Para poder darte la medicina correcta, es necesario que conozca tres cosas. La primera, en qué parte del cuerpo sientes más el dolor. La segunda, si es un dolor reciente, porque las enfermedades se curan mejor cuando son tratadas en seguida. La tercera, si la causa es algún cruel pensamiento.

MELIBEA.—Siento el dolor en el corazón, en el pecho izquierdo. Es un dolor nuevo, que me quita el apetito y no me deja dormir. La causa, no sé decírtela, porque no he sufrido la muerte de un pariente ni ninguna otra desgracia, excepto la preocupación que tú me provocaste, cuando me pediste la oración para aquel caballero.

CELESTINA.—No creas que sea ésa la causa de tu dolor, sino otra que yo supongo. Y, si tú me das permiso, te la diré.

MELIBEA.—Dila, si no destruyes mi honra con tus palabras.

CELESTINA.—Es necesario traer alguna medicina mejor de casa del caballero Calisto.

MELIBEA.—Calla, por Dios, señora. No digas su nombre.

CELESTINA.—Señora, no debes hablar mal de una persona tan llena de virtudes como Calisto...

MELIBEA.—¡Oh, por Dios, que me matas! ¿No te he dicho que no digas su nombre ni para bien ni para mal? ¿Qué le debo yo a él? ¿Qué ha hecho él por mí? ¿Qué necesidad hay de él para curar mi mal? ¿Qué dolor es éste que destruye lo mejor de mi cuerpo?

CELESTINA.–Amor dulce.

MELIBEA.–Con sólo oírlo me alegro.

CELESTINA.–El amor es un fuego escondido, un alegre sufrimiento, una suave muerte. Y cuando provoca una herida, envía también la solución para curar el dolor.

MELIBEA.–¿Cuál es?

CELESTINA.–¡Calisto! *(Melibea se desmaya.)* ¡Oh, por Dios, señora Melibea! ¿Por qué te desmayas? ¡Levanta la cabeza! ¡Oh desgraciada de mí! Si muere, me matarán a mí. Señora mía Melibea, ángel mío, ¡abre tus claros ojos! *(Llamando a voces a la criada.)* ¡Lucrecia! Mira a tu señora medio muerta entre mis brazos. ¡Baja en seguida por agua! ¡No te desmayes, señora; háblame!

MELIBEA.–*(Que va despertándose.)* Inútilmente intento ocultar lo que tú tan claramente conoces. Muchos días han pasado desde que ese caballero me declaró su amor. Mucho me hizo enfadar entonces su conversación, pero después me alegró que volvieras a decir su nombre. En mi cordón le llevaste envuelta mi libertad.

CELESTINA.–Amiga, confíame tus secretos; yo conseguiré que tu deseo y el de Calisto se cumplan pronto.

MELIBEA.–¡Oh señora mía! Haz que pueda verle pronto.

CELESTINA.–Verle y hablar con él.

MELIBEA.–¿Hablar? Dime cómo.

CELESTINA.–A través de las puertas de tu jardín.

MELIBEA.–¿Cuándo?

CELESTINA.–Esta noche. A las doce.

MELIBEA.–Pues vete, mi buena amiga, y habla con Calisto.

CELESTINA.–Me voy, que veo venir hacia aquí a tu madre.

Celestina sale.

ALISA.–Melibea, hija, ¿qué quería la vieja?

MELIBEA.–Señora, vino a venderme unos polvos para la cara.

ALISA.–Pues ten cuidado con ella, hija, porque esa vieja es capaz de acabar con la honra de cualquier muchacha. Si vuelve sin que yo lo sepa, no la recibas con gusto y así dejará de visitarte. Que la verdadera virtud se teme más que la espada.

MELIBEA.–Me alegro, madre, de tus consejos, porque así sé de quién tengo que protegerme.

ESCENA SEGUNDA

Sempronio y Pármeno recogen a Calisto en la puerta de la iglesia y van a casa de Calisto.

SEMPRONIO.–*(A Calisto.)* Señor, piensa que tus frecuentes visitas a las iglesias llaman la atención de todo el mundo. Si estás enamorado, sufre en tu casa y no descubras tu dolor a los extraños. Además, no te preocupes, pues el asunto ya está en manos de Celestina.

–*Señora, toma esta cadenilla de oro; póntela en el cuello y sigue contándome.*

Se une a ellos Celestina, que viene de casa de Melibea.

CELESTINA.–¿Qué decís de Celestina? Toda la calle vengo corriendo detrás de vosotros y me ha costado muchísimo alcanzaros.

CALISTO.–El corazón se me alegra al verte. Dime, ¿qué noticias traes?

CELESTINA.–Todo el día, señor, he trabajado en tu negocio descuidando otros asuntos de gran provecho para mí. Pero te traigo buenas noticias: Melibea está a tu servicio.

CALISTO.–¿Qué es lo que oigo?

CELESTINA.–Que es más tuya que de sí misma.

CALISTO.–No digas tal cosa, señora, que van a pensar estos mozos que estás loca. Melibea es mi señora, Melibea es mi Dios, Melibea es mi vida; yo soy su siervo[68].

SEMPRONIO.–Señor, lo que tienes que hacer es pagar a Celestina por su trabajo.

CALISTO.–Bien has dicho. Señora, en vez del manto y la falda que te prometí ayer, toma esta cadenilla de oro; póntela en el cuello y sigue contándome.

PÁRMENO.–*(En voz baja.)* ¡Cadenilla la llama! ¿No lo oyes, Sempronio? Te aseguro que vale mucho dinero.

SEMPRONIO.–*(En voz baja.)* Por mi amor, amigo, oye y calla, que te va a oír nuestro amo.

PÁRMENO.–*(En voz baja.)* ¡Antes me oirá el diablo! Él sólo está atento a la vieja, sordo, y mudo[69] y ciego.

SEMPRONIO.–*(En voz baja.)* Calla y escucha a Celestina.

CELESTINA.–Señor Calisto, has sido muy generoso con esta pobre vieja. Por eso te devuelvo tu salud: has de saber que Melibea te ama y desea verte.

CALISTO.–Mozos, ¿estoy yo aquí? Mozos, ¿oigo yo bien? ¡Oh Dios mío, te ruego que esto no sea un sueño! Dime la verdad, señora, y no te burles de mí.

CELESTINA.–Si me estoy burlando o no, lo verás cuando vayas esta noche, a las doce, a su casa, a hablar con ella a través de las puertas de su jardín.

CALISTO.–¿Es posible que tal cosa vaya a ocurrirme a mí? ¿Y dices que acudirá por su propia voluntad?

CELESTINA.–E incluso de rodillas.

SEMPRONIO.–Cuidado, señora, no sea un engaño para perdernos a todos.

PÁRMENO.–Nunca te oí decir cosa más inteligente.

CALISTO.–Callad, locos. Parece que pensáis que los ángeles sean capaces de hacer daño. Y Melibea es un ángel que vive entre nosotros.

CELESTINA.–Señor, tú estás en lo cierto; vosotros llenos de malos pensamientos. Yo he hecho todo lo que me habías encargado. Te dejo alegre y yo me voy muy contenta. Si me necesitas, ya sabes que estoy a tu servicio.

PÁRMENO.–*(En voz baja.)* ¡Ja, ja, ja!

SEMPRONIO.–*(En voz baja.)* ¿De qué te ríes, Pármeno?

PÁRMENO.–*(En voz baja.)* De la prisa que tiene la vieja por irse. Está deseando llevarse de aquí la cadena.

SEMPRONIO.–*(En voz baja.)* Una puta alcahueta, que está acostumbrada a arreglar siete virgos cobrando sólo dos monedas, cuando se ve de pronto llena de oro, ¿qué quieres que haga, sino asegurar su riqueza?

CALISTO.–Dios vaya contigo, señora mía. Yo quiero dormir y descansar un rato.

ESCENA TERCERA

En casa de Calisto, unas horas después.

CALISTO.–¡Mozos! ¿Qué hora es?

SEMPRONIO.–Las diez.

CALISTO.–Pues prepara, Pármeno, mis armas y preparad también las vuestras.

PÁRMENO.–Aquí las tienes, señor.

CALISTO.–Ayúdame a ponérmelas. *(Saliendo ya a la calle.)* Mira tú, Sempronio, a ver si hay alguien por la calle. *(Cuando Sempronio indica que no hay nadie, los tres comienzan a andar.)* Vayamos por esta calle, aunque tardemos un poco más, y así iremos más ocultos. Ya son las doce. *(Cerca del jardín de Melibea.)* Acércate tú, Pármeno, a ver si ha llegado aquella señora.

PÁRMENO.–¿Yo? Mejor será que te vea a ti primero. Si me ve a mí, se asustará al comprobar que somos muchos quienes sabemos lo que ella quiere hacer tan ocultamente.

CALISTO.–Tienes razón. Me acercaré yo; quedaos aquí.

Cuando Calisto se adelanta, los criados hablan entre sí.

PÁRMENO.–¿Qué te parece, Sempronio, lo que quería nuestro amo? ¿Cómo sé yo quién está detrás de esas puertas cerradas? Porque todavía no estamos seguros de que la vieja haya dicho la verdad.

SEMPRONIO.–Estáte atento, que a la primera cosa extraña que oigamos, saldremos corriendo.

PÁRMENO.–Estoy de acuerdo. ¡Escucha! Debe de haber salido ya Melibea, porque se oyen voces.

ESCENA CUARTA

Calisto habla en la calle, junto a la puerta del jardín; Melibea y Lucrecia contestan desde dentro.

CALISTO.–¡Eh, señora mía!

LUCRECIA.–¿Quién habla? ¿Quién está ahí fuera?

CALISTO.–Aquel que viene a cumplir tus órdenes.

LUCRECIA.–Acércate, señora, que está aquí aquel caballero.

MELIBEA.–Loca, habla bajo. Comprueba bien si es él.

LUCRECIA.–Ven, señora, que sí es.

CALISTO.–Me han engañado. No era Melibea la que hablaba. ¡Perdido estoy!

MELIBEA.–Lucrecia, vete a acostar. ¡Eh, señor! ¿Cuál es tu nombre?

CALISTO.–Yo soy tu siervo Calisto. No tengas miedo de descubrirte delante de este admirador de tu hermosura.

MELIBEA.–*(Dentro.)* Tus mensajes atrevidos me han obligado a hablar contigo, señor Calisto, aunque no sé qué quieres conseguir de mí, después de lo que ya te dije la primera ocasión en que nos encontramos. Deja esos locos pensamientos. Para decirte esto, he acudido a esta cita.

CALISTO.–¡Oh desgraciado Calisto! ¡Oh Celestina, mujer mentirosa! ¿Para qué me mandaste venir aquí? ¿Para oír directamente la desconfianza y el odio de la boca de esta que puede provocar tanto mi desgracia como mi placer? ¡Oh Celestina, enemiga! ¿Queda alguien en el mundo que diga la verdad?

MELIBEA.–Deja, señor, de quejarte. Tú lloras de tristeza, creyéndome cruel; yo lloro de placer, viéndote tan enamorado. ¡Oh mi señor! Yo te aseguro que es cierto todo lo que Celestina te ha dicho de mis sentimientos.

CALISTO.–¡Oh señora mía! ¿Cómo puedo agradecer que, a pesar de no merecerlo, pueda yo disfrutar de tu amor? Cuántas veces me vino este pensamiento y por imposible lo rechazaba, hasta que hoy, con tus palabras, me has dado esta alegría en que ahora me veo.

MELIBEA.–Señor Calisto, tus grandes virtudes han provocado que, desde que te conocí, en ningún momento te alejases de mi corazón. Y aunque he luchado por ocultarlo, no lo he conseguido; de manera que, al recordarme aquella mujer tu nombre, descubrí mi deseo y vine a pedirte que dispongas de mi persona según quieras.

CALISTO.–¡Oh molestas puertas! Permite, señora mía, que llame a mis criados para que las rompan.

PÁRMENO.–*(En voz baja.)* ¿No oyes, Sempronio? Quiere venir a buscarnos... Yo no espero aquí más.

SEMPRONIO.–*(En voz baja.)* Calla y escucha, que ella no está de acuerdo.

MELIBEA.–¿Quieres, amor mío, perderme y acabar con mi honra? No te dejes llevar por tus deseos. Ven mañana a esta misma hora saltando las paredes de mi jardín. Que si rompieras las crueles puertas para vernos ahora, en seguida se sabría mi error en casa de mi padre.

CALISTO.–¡Oh mi señora, mi suave y dulce alegría! ¿Por qué llamas error a aquello que por los santos de Dios me fue permitido? Estaba rezando hoy en la iglesia, cuando aquella mujer vino a mí con tu alegre mensaje.

Sempronio y Pármeno, que, desde fuera del jardín, están oyendo las palabras de Calisto y Melibea, mantienen esta conversación.

PÁRMENO.–¡Está loco Calisto! Te aseguro, hermano, que no es cristiano. Dice que los santos de Dios son quienes le han dado lo que en realidad ha conseguido la vieja hechicera. Y con esta confianza quiere romper las puertas; y no habrá terminado de dar el primer golpe, cuando será oído por los criados del padre de Melibea.

SEMPRONIO.–No temas, Pármeno. Nosotros escaparemos.

PÁRMENO.–Tienes razón, porque los criados de Pleberio son locos y violentos. ¡Oh, si me vieses, hermano, cómo estoy, ya preparado para salir corriendo!

SEMPRONIO.–Mejor estoy yo, que tengo atados a mi cuerpo el escudo[70] y la espada, para que no se me caigan al correr. *(Se oyen voces, que vienen de una de las calles próximas.)* ¡Escucha, Pármeno! ¡Corre hacia casa de Celestina!

PÁRMENO.–*(Mientras escapan.)* ¡Nos van a alcanzar!

SEMPRONIO.–¿Habrán matado ya a nuestro amo?

PÁRMENO.–Corre y calla, que no es eso lo que me preocupa.

SEMPRONIO.–¡Eh, Pármeno, vuelve, que era la gente del alguacil[71] que pasaba haciendo ruido por la otra calle!

PÁRMENO.–¿Seguro? Yo ya estaba seguro de morir. Nunca he pasado tanto miedo como esta vez.

SEMPRONIO.–¡Vuelve, que, de verdad, era el alguacil!

Mientras los criados escapan y vuelven, se está produciendo esta conversación entre Melibea y Calisto.

MELIBEA.–Señor Calisto, ¿qué ruido hay en la calle? Por Dios, ten cuidado, que estás en peligro.

CALISTO.–Señora, no temas. Deben de ser mis criados, que estarán quitando las armas a los que pasan, y seguro que alguno de estos ha intentado escapar.

MELIBEA.–¿Has traído muchos criados?

CALISTO.–No, sólo dos. Pero, si nos oyeran desde tu casa, ellos nos defenderían de todos los criados de tu padre.

MELIBEA.–¡Oh, por Dios, que no ocurra tal cosa! Aunque me alegra mucho que estés acompañado por gente tan leal.

PÁRMENO.–¡Eh, señor, señor! Vámonos de aquí, que viene mucha gente con luces, y serás visto y conocido.

CALISTO.–¡Qué duro es, señora, separarme de ti! Pero vendré mañana, como dijiste, y saltaré las paredes del jardín.

MELIBEA.–Así sea, y vaya Dios contigo.

ESCENA QUINTA

En la habitación de Pleberio y Alisa, los padres de Melibea.

PLEBERIO.–Señora, ¿estás dormida? ¿No oyes ruido en el cuarto de tu hija?

ALISA.–Sí lo oigo. ¡Melibea, Melibea!

PLEBERIO.–No te oye. Yo la llamaré más fuerte. ¡Hija mía!

MELIBEA.–*(Fuera.)* ¡Señor!

PLEBERIO.–¿Quién hace ruido en tu habitación?

MELIBEA.–*(Fuera.)* Es Lucrecia, que salió a buscar agua.

PLEBERIO.–Duerme, hija, que pensé que era otra cosa.

LUCRECIA.–*(Fuera, a Melibea.)* Poco ruido los despertó, y con gran temor hablaban.

MELIBEA.–*(Fuera, a Lucrecia.)* Incluso los animales más tranquilos se convierten en violentos para defender a sus hijos. Pues, ¿qué harían si supiesen el verdadero motivo de mi salida?

ESCENA SEXTA

En casa de Calisto, adonde éste acaba de llegar con sus criados.

CALISTO.–*(A Sempronio y a Pármeno.)* Cerrad en seguida esa puerta.

SEMPRONIO.–Señor, debes dormir hasta que sea de día.

CALISTO.–Bien lo necesito. ¿Tuvisteis miedo en la calle?

SEMPRONIO.–¿Miedo, señor? Allí estábamos, atentos, con nuestras armas preparadas.

CALISTO.–¿Habéis dormido algún rato?

SEMPRONIO.–¿Dormir, señor? Ni siquiera me senté, mirando a todas partes para saltar en seguida en tu defensa.

CALISTO.–Ya le dije yo a mi señora Melibea que estaba bien seguro con vuestra presencia y ayuda. Yo pagaré adecuadamente vuestro buen servicio. Id con Dios a descansar.

Los criados se han quedado solos.

PÁRMENO.–¿Adónde vamos, Sempronio? ¿A la cama a dormir o a la cocina a desayunar?

SEMPRONIO.–Vete tú donde quieras; quiero ir a casa de Celestina a cobrar mi parte de la cadena. Que es una puta vieja y no le quiero dar tiempo a que invente alguna mentira para no darnos lo que nos toca.

PÁRMENO.–Bien dices; lo había olvidado. Vayamos los dos, que en asuntos de dinero no hay amistad.

ESCENA SÉPTIMA

En casa de Celestina.

SEMPRONIO.–*(Llamando a golpes.)* Señora Celestina, abre.

CELESTINA.–¡Oh locos, entrad, entrad! ¿Cómo venís a estas horas? ¿Y cómo está Calisto?

SEMPRONIO.–Si no hubiera sido por nosotros, ya estaría muerto.

CELESTINA.–Cuéntamelo, por Dios.

PÁRMENO.–Mejor harías en prepararnos algo de comer; quizá eso nos quitaría un poco el disgusto que traemos.

CELESTINA.–¡Me asusta verte tan enfadado! Por tu vida, Sempronio, ¿qué os ha pasado?

SEMPRONIO.–Traigo todas las armas rotas por haber luchado contra los que querían atacar a Calisto; así que no tengo con qué defender a mi amo en las próximas noches.

CELESTINA.–Pues pídele, hijo, dinero a tu amo.

SEMPRONIO.–¡Ja! ¡Ja! Pármeno también trae rotas las suyas, de manera que Calisto se va a gastar todo su dinero en armas. ¿Cómo quieres que le pida más? Ya nos dio las cien monedas y después la cadena de oro. Satisfechos debemos estar con lo que tenemos; no lo perdamos todo por querer más, que: «quien mucho abarca, poco aprieta[72]».

CELESTINA.–¿Estás loco, Sempronio? ¿Estoy yo obligada a pagar las armas que habéis roto en defensa de Calisto? Sucede, además, que, al venir de casa de Calisto, le dejé a Elicia la cadenilla que me dio vuestro amo, y ella no es capaz de acordarse dónde la puso. Por otra parte, si vuestro amo me dio algo, debéis considerar que es sólo mío; igual que yo no te he pedido parte de la ropa que él te dio a ti, ni la quiero.

SEMPRONIO.–Siempre he dicho que entre los viejos es muy grande la codicia[54]. ¡Quién oyó a esta vieja decir que me llevase yo, si quería, todo el beneficio de este negocio! Ahora que lo ve crecido, no quiere dar nada.

PÁRMENO.–Bien te avisé yo de quién era esta vieja.

CELESTINA.–Callad, que quien os supo conseguir a Elicia y a Areúsa, os conseguirá otras diez muchachas. Y que diga Pármeno si en estas cosas cumplo lo que prometo.

SEMPRONIO.–¡Vete a engañar a otros, vieja, y no te burles de mí! Danos dos partes de lo que has recibido de Calisto.

CELESTINA.–¿Qué dices, Sempronio? ¿Crees que, por haber recibido esa cadena, ya no voy a tener necesidad de seguir trabajando? Y tú, Pármeno, ¿piensas que soy tu esclava, porque conoces mis secretos y las desgracias que nos sucedieron a mí y a tu madre?

PÁRMENO.–¡No me hinches las narices[73] recordándome a mi madre o te mandaré donde ella está!

CELESTINA.–¡Elicia! ¡Levántate de la cama y tráeme mi manto, que voy a salir a buscar a la justicia! ¿Qué es esto? ¿Cómo os atrevéis a amenazarme[74] en mi propia casa? ¡Con una vieja tenéis valor vosotros!

SEMPRONIO.–¡Oh vieja codiciosa, que quiere para sí todo el dinero! ¿No estás contenta con la tercera parte de lo ganado?

CELESTINA.–¿Qué tercera parte? Vete de mi casa, tú. Y ese otro que no grite. No queráis que se entere todo el mundo de los asuntos de Calisto y de los vuestros.

SEMPRONIO.–Grita, si quieres, pero tú cumplirás lo que prometiste o, si no, morirás.

ELICIA.–*(Que se ha unido al grupo.)* ¡Sempronio, por Dios, guarda la espada! Detenle, Pármeno, detenle; que no la mate ese loco.

CELESTINA.–¡Justicia, justicia, vecinos! ¡Justicia, que me matan en mi casa estos malditos!

SEMPRONIO.–¿Malditos? ¡Espera, señora hechicera, que voy a mandarte al infierno! *(Y Sempronio hiere con su espada a Celestina.)*

CELESTINA.–¡Ay, que me matan! ¡Confesión, confesión[75]!

PÁRMENO.–¡Dale, dale, acaba con ella! ¡Muera, muera!

CELESTINA.–¡Confesión! *(Celestina cae muerta.)*

ELICIA.–¡Oh crueles enemigos! ¡Muerta está mi madre!

SEMPRONIO.–¡Huye, huye, Pármeno, que llega mucha gente! ¡Cuidado, que viene el alguacil!

PÁRMENO.–¡Pobres de nosotros! No hay por dónde escapar, que el alguacil y su gente están en la puerta.

SEMPRONIO.–Saltemos desde estas ventanas.

PÁRMENO.–Salta, que voy detrás de ti.

Cuarta Parte

ESCENA PRIMERA

En casa de Calisto.

CALISTO.—¡Qué bien he dormido después de aquella dulce cita! ¡Oh señora y amor mío, Melibea, ¿piensas en mí o en otro? ¡Oh feliz Calisto! ¿Lo soñé o pasó de verdad? Pero, yo no estuve solo, mis criados me acompañaron. Si ellos dicen que ocurrió de verdad, he de creerlos. ¡Mozos! ¡Tristanico[76]! ¿Dónde estás? ¡Llama a Sempronio y a Pármeno!

TRISTÁN.—Ya voy, señor. *(Momentos después.)* Señor, no hay ningún criado en casa.

CALISTO.—Pues cierra las ventanas y déjame dormir hasta que sea la hora de comer.

TRISTÁN.—Bajaré a la puerta para impedir que alguien moleste a mi amo mientras duerme. *(Ya en la puerta de la casa.)* ¡Qué gritos suenan en la calle! ¿Qué es esto? Por allí viene Sosia; él me dirá qué pasa. Parece que viene llorando. *(A Sosia, que ya ha llegado hasta la puerta de la casa de Calisto.)* ¿Qué es esto, Sosia? ¿Por qué lloras? ¿De dónde vienes?

SOSIA.—¡Oh desgraciado de mí! ¡Qué gran deshonra para la casa de mi amo! ¡Oh desgraciados mozos!

TRISTÁN.—¿De qué te lamentas? ¿Qué ha ocurrido?

SOSIA.—¡Sempronio y Pármeno han sido degollados[77] en la plaza!

TRISTÁN.–Le llevaremos en seguida estas tristes noticias a nuestro amo.

Suben a la habitación de Calisto.

SOSIA.–¡Señor, señor!

CALISTO.–¿Qué pasa, locos? ¿No os mandé que no me despertaseis?

SOSIA.–Señor, Sempronio y Pármeno han sido degollados en la plaza.

CALISTO.–¡Oh, Dios mío! No puedo creer tan triste noticia. No es posible, porque esta noche han estado conmigo.

SOSIA.–Pues madrugaron para morir.

CALISTO.–¡Oh mis leales criados! ¿Puede ser verdad tal cosa? ¡Oh desgraciado Calisto! Quedas deshonrado para toda tu vida. ¿Qué será de ti, muertos tan valiosos criados? Dime, por Dios, Sosia, ¿cuál fue la causa?

SOSIA.–Señor, la causa de su muerte la gritaban a voces, diciendo: «¡Manda la justicia que mueran por asesinos!»

CALISTO.–¿A quién habían matado?

SOSIA.–A una mujer que se llamaba Celestina.

CALISTO.–¿Qué me dices?

SOSIA.–Lo que oyes.

CALISTO.–Pues si eso es verdad, mátame tú a mí; yo te perdono. Porque lo peor que puede sucederme es que Celestina haya muerto.

SOSIA.–Con más de treinta heridas la vi en el suelo de su casa, mientras lloraba una criada suya.

CALISTO.–¡Oh tristes mozos! ¿Cómo iban?

SOSIA.–Uno llevaba la cabeza abierta; el otro, los dos brazos rotos y la cara llena de heridas. Iban cubiertos de sangre, porque habían saltado desde unas ventanas muy altas para escapar del alguacil. Y así, ya casi muertos, les cortaron las cabezas.

CALISTO. *(Hablando consigo mismo.)* ¡Oh mis secretos más secretos, que ya serán conocidos por las plazas y mercados de esta ciudad! ¿Qué será de mí? ¿Adónde iré? A los muertos no puedo ya ayudar. ¿Me quedaré aquí sin hacer nada? Parecerá cobardía. ¿Qué decisión tomaré? *(Ya en voz alta.)* Dime, Sosia, ¿por qué la mataron?

SOSIA.–Señor, aquella criada suya, llorando, decía que la mataron porque no quiso repartir con ellos una cadena de oro que tú le diste.

CALISTO.–Dejadme solo.

Se retiran Sosia y Tristán.

¡Oh día triste! Todos conocerán ahora el asunto del que se ocupaban. No me atreveré a que me vean las gentes. Mucho había alcanzado anoche y mucho he perdido hoy. Pero, aunque sea grande el daño que reciba mi honra, cumpliré con los deseos de aquella por quien todo esto ha ocurrido, que más me importa el placer que espero alcanzar con Melibea, que las muertes de mis criados y de Celestina. Ellos eran atrevidos y violentos; ahora o en otro momento habían de pagar por ello. La vieja era mala y engañosa y, según parece, hacía secretos negocios con ellos y por esto pelearon. Haré que se preparen Sosia y Tristanico para venir conmigo. Les diré que lleven una escalera porque son muy altas las paredes del jardín. Mañana fingiré que vengo de fuera; si puedo, castigaré al juez por estas muertes; si no, haré creer a todos que estoy loco, para disfrutar este dulce placer de mis amores.

ESCENA SEGUNDA

El mismo día, por la noche. Dentro del jardín de la casa de Melibea.

MELIBEA.–Tarda mucho el caballero que esperamos. Quiera Dios que nada malo le haya ocurrido. Pero escucha, Lucrecia, que suenan pasos en la calle y parece que hablan fuera.

Calisto y sus criados hablan fuera del jardín al que acaban de llegar.

SOSIA.–Acerca esa escalera, Tristán, que, aunque hay mucha altura, éste es el mejor lugar para subir.

TRISTÁN.–Sube, señor. Yo iré contigo porque no sabemos quién está dentro.

CALISTO.–Quedaos aquí, locos; entraré yo solo, que estoy oyendo a mi señora.

MELIBEA.–*(Viendo a Calisto en lo alto de la pared.)* ¡Oh, mi señor, no saltes desde tan alto! Baja despacio. ¡No tengas tanta prisa!

CALISTO.–*(Ya abrazando a Melibea.)* ¡Oh mi señora! En mis brazos te tengo y no lo creo.

MELIBEA.–Señor mío, pues he confiado en ti, no quieras perderme por tan corto placer. Disfruta de lo que yo disfruto; no pidas ni tomes aquello que, una vez tomado, no podrás devolver. No arruines, señor, lo que no se puede arreglar ni con todos los tesoros del mundo[78].

CALISTO.–Señora, no me pidas eso. Si he pasado toda mi vida sufriendo este fuego del deseo, ¿no quieres que llegue a ti para descansar de mis pasados sufrimientos?

MELIBEA.–¡Por mi vida, que tus manos no hagan todo lo que pueden, aunque hable tu lengua todo lo que quiera! No me quieras robar el mayor tesoro que la naturaleza me ha dado.

CALISTO.–¿Para qué, señora? ¿Para sufrir de nuevo? ¿Para volver al juego de antes? Perdona, señora, a mis atrevidas manos, que nunca pensaron tocar tu ropa y ahora disfrutan llegando a tu hermoso cuerpo y a tus dulces carnes.

MELIBEA.–Apártate, Lucrecia.

CALISTO.–¿Por qué, mi señora? Yo me alegro de que haya testigos de mi placer.

MELIBEA.–Pero yo no quiero testigos de mi error.

–*¡Oh, mi señor, no saltes desde tan alto! Baja despacio. ¡No tengas tanta prisa!*

Fuera del jardín, los criados hablan entre sí.

SOSIA.–Tristán, ¿oyes bien lo que pasa?

TRISTÁN.–Considero a mi amo el más feliz de los hombres.

SOSIA.–Sí, pero ya han muerto dos mozos por culpa de estos amores.

TRISTÁN.–Calisto ya no se acuerda de ellos.

Otra vez en el interior del jardín.

MELIBEA.–¡Oh mi vida y mi señor! ¿Cómo has querido que pierda mi virginidad por tan corto placer? ¡Oh mi pecadora madre, si esto supieras, cómo aceptarías tu muerte con gusto y me la darías a mí por la fuerza! ¡Oh mi buen padre, cómo he dañado tu honra! ¡Oh desgraciada de mí! ¿Cómo no pensé antes el gran peligro que me esperaba con tu entrada al jardín?

Fuera del jardín.

SOSIA.–¡Antes querría yo haberte oído esas palabritas! Todas os quejáis después de hacer lo que ya no se puede solucionar. ¡Y Calisto escuchándola como un tonto!

Dentro del jardín, algún tiempo después.

CALISTO.–¿Qué es esto? Ya está empezando a amanecer. ¡Ya da el reloj las tres!

MELIBEA.–Señor, por Dios, pues ya soy toda tuya, vuelve por este secreto lugar, a la misma hora, las próximas noches. Y ahora vete con Dios.

CALISTO.–Mozos, poned la escalera.

SOSIA.–*(Desde fuera.)* Señor, aquí está. Baja.

ESCENA TERCERA

En casa de Calisto.

CALISTO.—*(Solo.)* ¡Pobre de mí! ¡Qué agradable me es ahora el silencio y la oscuridad! No sé si la causa es la falta que cometí al separarme de aquella señora que tanto amo, antes de que llegara el día, o es el dolor de mi deshonra. ¡Ay, ay, que esto es! Esta herida es la que siento ahora que está helada la sangre que ayer me quemaba. Ahora veo claramente la deshonra que me ha provocado la muerte de mis criados. ¡Oh cruel juez que los condenaste a muerte! Yo pensaba que podría matar mil hombres sin temor a ser castigado, por los favores que hace años recibiste de mi padre. ¿Quién podía imaginar que tú me ibas a destruir? ¡Oh, qué difícil es defender algo, aunque sea justo, delante de un juez injusto! Y más difícil es, desde luego, defender a mis criados, que gran culpa tenían. Pero ¿qué digo? ¿Con quién hablo? ¿Estoy loco? ¿Qué es esto, Calisto? ¿Soñabas, duermes o estás despierto? ¿Con quién hablas? Piensa que no puedes juzgar[79] al que contigo no está, como sucede ahora con el juez del que te quejas. Oye a las dos partes antes de decidir. ¿No ves que la ley tiene que ser igual para todos? Piensa que si el juez estuviese aquí, se defendería diciendo que mandó degollar a mis criados tan pronto, porque no eran necesarias muchas pruebas; y también para no esperar a que la gente se levantase y se enterase toda la ciudad de cuál era el crimen que habían cometido, lo cual hubiera provocado todavía mayor deshonra para mí. Y si el juez actuó así por estas razones, debo estarle agradecido. Y en cualquier caso, Calisto, acuérdate del gran placer pasado; acuérdate de tu amada y piensa que ningún dolor podrá ser igual a aquel placer. ¡Oh mi señora y mi vida! Parece que doy poco valor al favor recibido. ¿Por qué no estoy contento? No quiero otra honra, otro placer ni otras riquezas. De día estaré en mi habitación, de noche en aquel dulce lugar, en aquel alegre jardín. Tú, dulce imaginación, trae a mi recuerdo su presencia, devuélveme el suave sonido de sus palabras; aquellos abrazos tan llenos de amor, aquel soltarme y cogerme, aquel escapar y acercarse, aquellos dulces besos. ¡Cómo recuerdo aquel saludo final con que se despidió de mí! ¡Con cuánta pena salió de su boca! ¡Con cuántas lágrimas que caían de aquellos claros y brillantes ojos!

QUINTA PARTE

ESCENA PRIMERA

En casa de Areúsa. Ésta discute con un hombre.

AREÚSA.–¡Vete de mi casa, mentiroso, que me tienes enga-
ñada con tus falsas promesas! Maldito, yo te he dado ropa, espada, armas y caballo. Ahora, cuando te pido que
hagas algo por mí, pones mil pretextos.

CENTURIO.–Amiga mía, mándame tú matar a diez hombres,
pero no me mandes ni dar un paso de camino a pie.

AREÚSA.–Si no hubiese sido por mí, ya te habrían degollado.
Tres veces te he salvado de la justicia. ¿Por qué lo hago?
¿Por qué confío en un cobarde como tú? ¿Por qué creo
tus mentiras? ¿Por qué te permito entrar en mi casa?
¡Vete de aquí! No te vea más, no me hables ni digas que
me conoces.

CENTURIO.–¡No dices más que locuras! Pues si yo me enfado, alguna llorará. Pero me voy, que no sé quién viene.

Centurio sale de la casa de Areúsa. En seguida entra Elicia.

AREÚSA.–¿Eres tú, Elicia? ¡Dios mío! ¿Qué es esto? ¿Por
qué vienes vestida de luto? Dime en seguida qué ocurre.

ELICIA.–Más negro tengo el corazón que la ropa[56]. ¡Ay, prima,
que no puedo hablar! Sempronio y Pármeno han muerto.

AREÚSA.–¿Qué me cuentas? Calla, que me caeré muerta.

ELICIA.–Pues hay más. Celestina, aquella que yo tenía por
madre, ha muerto también. Delante de mis propios ojos
vi cómo la mataban.

AREÚSA.—¡Oh terribles noticias llenas de dolor! Cuéntame, amiga mía, ¿quién los mató?, ¿cómo murieron?

ELICIA.—Ya conoces, hermana, los amores de Calisto y la loca de Melibea. Sabes también cómo Sempronio había buscado a Celestina para que fuera intermediaria en esos amores. Calisto, además de algún dinero, regaló una cadena de oro a Celestina. Ella no quiso dar su parte a Sempronio ni a Pármeno, aunque habían acordado que dividirían entre los tres lo que Calisto les diese. Y una mañana, después de acompañar a su amo toda la noche, vinieron a casa de Celestina y le pidieron su parte de la cadena. Ella negó su promesa, y ellos, muy enfadados, viéndola tan codiciosa, con sus espadas le dieron mil cuchilladas.

AREÚSA.—¡Oh desgraciada mujer! ¿Y de ellos qué me dices? ¿Cómo terminaron?

ELICIA.—Ellos, para escapar de la justicia, que por casualidad pasaba por allí, saltaron por las ventanas, casi muertos los cogieron e inmediatamente los degollaron.

AREÚSA.—¡Oh Pármeno, mi amor! ¡Cuánto dolor me provoca su muerte! Pero, puesto que no les podemos devolver sus vidas con nuestras lágrimas, no sufras, que te vas a quedar ciega llorando.

ELICIA.—¡Ay, nadie pierde tanto como yo he perdido! ¿Adónde iré, que he perdido madre y amigo? ¡Oh Calisto y Melibea, que tantas muertes provocasteis! ¡Mal fin tengan vuestros amores, en mal sabor se conviertan vuestros dulces placeres!

AREÚSA.–Calla, por Dios, hermana. Y piensa que cuando una puerta se cierra, suele abrirse otra, y esta desgracia, aunque es grande, pasará.

ELICIA.–Y por lo que más dolor siento es por ver que Calisto sigue visitando cada noche a Melibea, sin que a ella le importen estas muertes.

AREÚSA.–Si esto es así, ¿de quién mejor podemos vengarnos[80]? Si yo me entero de cuándo se ven y cómo, haré que sus amores se conviertan en dolor.

ELICIA.–Yo conozco, amiga, a un compañero de Pármeno, mozo de caballos[59], que se llama Sosia, que acompaña a Calisto cada noche.

AREÚSA.–Envíame aquí a ese Sosia, que yo le sacaré toda la información que necesitamos. Y tú, Elicia, alma mía, vente a vivir conmigo, que debes de estar muy sola y la soledad aumenta la tristeza.

ELICIA.–Aunque quisiera venir a vivir contigo para disfrutar de tu dulce compañía, no podrá ser. Mira, la gente sabe que vivo en casa de Celestina. Siguen acudiendo allí muchachas que son conocidas o medio parientes de las que ella cuidaba, y yo algún beneficio podré sacar de sus asuntos. Y también los pocos amigos que me quedan, saben que vivo allí. Pero ya me parece que es hora de irme. Dios quede contigo.

ESCENA SEGUNDA

En el interior de la casa de Melibea.

PLEBERIO.—Alisa, esposa mía, el tiempo se nos va, como dicen, de entre las manos. Nada hay más corto que la vida y la muerte nos sigue y nos rodea. Esto vemos muy claro, si miramos a nuestros parientes y hermanos: a todos ellos se los come ya la tierra. Y puesto que no sabemos cuándo vamos a ser llamados, tenemos que preocuparnos de dejar todas nuestras cosas bien arregladas. Demos a nuestra única hija la compañía de un marido de nuestra misma condición, para irnos de este mundo sin preocupaciones ni temores.

ALISA.—Mi señor Pleberio, yo aceptaré lo que tú mandes, y nuestra hija obedecerá, según su vida llena de virtud.

LUCRECIA.—*(Que ha escuchando detrás de la puerta, habla consigo misma.)* ¡Ya, ya, se ha perdido lo mejor! Lo mejor se lo ha llevado Calisto y ya no hay quien arregle virgos, porque está muerta Celestina. ¡Os teníais que haber dado más prisa! *(A Melibea, que se acerca.)* ¡Escucha, escucha, señora Melibea lo que están diciendo tus padres!

MELIBEA.—¿Qué haces ahí escondida?

LUCRECIA.—Acércate aquí, señora; oirás la prisa que tienen tus padres por casarte.

MELIBEA.—Calla, por Dios, que te van a oír. Desde hace un mes no piensan en otra cosa. Parece que algo los avisa del gran amor que tengo por Calisto. Pues hacen planes inútilmente. ¿Quién me va a quitar mi placer? Calisto es mi alma, mi vida, mi señor, en quien yo tengo toda mi esperanza. Déjenme mis padres disfrutar de él, si ellos quieren disfrutar de mí. No piensen en matrimonio porque es mejor ser buena amiga que mala casada. Desde hace un mes, como has visto, Calisto ha venido todas las noches a visitarme. Han muerto por mí sus criados, vive encerrado en su casa todo el día con la esperanza de venir a verme cada noche. ¡Teniendo un amante así, no quiero marido, ni quiero padres ni parientes! Si me falta Calisto, me faltará la vida.

LUCRECIA.–Escucha, señora, que todavía siguen hablando.

PLEBERIO.–*(Dentro del salón de la casa.)* ¿Qué te parece, mujer? ¿Debemos hablarlo con nuestra hija?

ALISA.–¿Qué dices? ¿Quién puede hablarle de este asunto a nuestra Melibea sin asustarla? ¿Piensas que sabe ella qué son los hombres, si se casan, o qué es casarse? ¿O piensas que sabe ella que de la unión de hombre y mujer nacen los hijos? No lo creas, señor Pleberio, que yo sé muy bien cómo he educado a mi hija.

MELIBEA.–*(Fuera del salón de la casa.)* Lucrecia, Lucrecia, corre; entra con cualquier pretexto, si no quieres que entre yo gritando como una loca, según estoy enfadada por la falsa idea que tienen de mi inocencia.

LUCRECIA.–Ya voy, señora.

ESCENA TERCERA

En casa de Elicia.

ELICIA.–*(Sola.)* Mal me va con este luto. Pocas visitas recibe mi casa. Ya no veo fiestas, ya no veo las cuchilladas ni las peleas de noche entre mis amantes; y lo que más siento es que no veo entrar por mi puerta ni dinero ni regalos. Quiero hacer caso a Areúsa, que sabe más de la vida que yo. Quiero dejar la tristeza y las lágrimas. Me arreglaré y después barreré mi puerta y regaré la calle para que todos vean que ya he dejado el luto. Pero primero quiero ir a visitar a mi prima y preguntarle si ha ido a verla Sosia. *(Ya de camino a casa de Areúsa.)* Quiera Dios que la encuentre sola. *(Llama dando golpes en la puerta.)*

AREÚSA.–¿Quién es?

ELICIA.–Ábreme; soy Elicia.

AREÚSA.–Entra, hermana mía. Qué placer me da verte sin el traje de tristeza y luto; ahora seremos felices juntas y nos visitaremos una en casa de la otra.

ELICIA.–*(Se oyen golpes en la puerta.)* A tu puerta llaman. Poco tiempo nos dan para hablar, y yo te quería preguntar si ha venido ya Sosia a verte.

AREÚSA.–No ha venido todavía. *(Vuelven a llamar.)* ¡Qué golpes dan! ¿Quién llama?

SOSIA.–Ábreme, señora; soy Sosia, el criado de Calisto.

AREÚSA.–Por Dios, Elicia, escóndete, y verás cómo le saco la información que buscamos, igual que él saca el polvo a los caballos. *(Recibiendo a Sosia, cuando Elicia ya se ha escondido.)* ¿Eres Sosia, mi secreto amigo? ¿El que deseo conocer por su buena fama? Abrazarte quiero, amor. Vamos a sentarnos juntos, que me recuerdas al desgraciado Pármeno. Dime, señor, ¿me conocías tú de antes?

SOSIA.–Señora, nadie en esta ciudad habla de mujeres hermosas sin referirse a ti la primera.

ELICIA.–*(Hablando consigo misma.)* ¡Cómo habla el hijo de puta[31]!

AREÚSA.–No necesitas, Sosia, decirme esas mentiras. Ya sabes cuánto quise a Pármeno y por eso todos sus amigos me agradan. Y como esto es así, quiero decirte dos cosas: lo primero, que siempre me alegrarán tus visitas; y lo segundo, que no descubras tus secretos a nadie. Porque has de saber que una persona me dijo que le habías contado los amores de Calisto y Melibea, y que ibas todas las noches a acompañar a Calisto. Mira, amigo, que no guardar secretos es propio de ciertas mujeres y de los niños. Además, cuando tengas que ir con tu amo Calisto a casa de aquella señora, no hagas ruido, que otros me dijeron que vas todas las noches dando voces como un loco.

SOSIA.–Quien te dijo eso, no dice verdad.

AREÚSA.–Pues por mi vida, amor mío, dime los días en que vais a ir, y así sabré si mienten y los podré descubrir.

SOSIA.–Esta noche, a las doce, iremos a su jardín.

AREÚSA.–¿Y por dónde iréis para comprobar si mienten?

SOSIA.–Por la calle del cura gordo.

AREÚSA.–Amigo Sosia, lo que me has dicho es suficiente para convencerme de las malas intenciones de tus enemigos. Vete con Dios, que estoy ocupada en otro negocio y me he entretenido mucho contigo.

SOSIA.–Hermosa y dulce señora, perdóname si he tardado en venir, y quede Dios contigo.

AREÚSA.–*(Cuando ha desaparecido Sosia.)* ¡Adiós, tonto! Hermana, ven aquí. ¿Qué te ha parecido? Ya sabemos todo lo que deseábamos, vayamos ahora a casa de Centurio, que es aquel con el que el otro día discutía, cuando tú viniste a verme. Fingiremos que tú nos quieres hacer amigos y me has pedido que vaya a verlo.

ESCENA CUARTA

Elicia se dispone a entrar a casa de Centurio.

ELICIA.–¿Quién está en casa?

CENTURIO.–Pasa, y que entre también esa señora que se cubre con el manto, que, si viene contigo, no puede ser sino una amiga.

AREÚSA.–No entremos, por mi vida, que este maldito cree que vengo a rogarle algo. Vámonos, por Dios.

ELICIA.–Por mi amor, no te vayas.

CENTURIO.–Detenla, por Dios, señora.

ELICIA.–Acércate, señor Centurio, que por fuerza haré que te abrace.

AREÚSA.–Antes quiero verle muerto. ¿Por qué tengo que abrazarle? El otro día le pedí que fuera a un pueblo que está a un día de distancia de aquí a solucionar un asunto muy importante para mí, y me lo negó.

CENTURIO.–Mándame algo que sepa hacer: matar un hombre, cortar una pierna o un brazo y tardarás más en decirlo que yo en hacerlo.

ELICIA.–¿Qué más quieres, Areúsa? Por mi vida, háblale y olvida tu enfado, pues ya ves cómo está dispuesto a hacer lo que tú quieras.

CENTURIO.–¿Dispuesto dices, señora? Yo te aseguro que siempre estoy pensando cómo tenerla contenta.

AREÚSA.–Pues a tiempo estamos. Yo te perdono si me ayudas a vengarnos de un caballero que se llama Calisto.

CENTURIO.–No me digas más. Conozco todo el asunto de sus amores y que algunos han muerto por su causa; sé por dónde va y a qué hora. Dime, ¿cuántos le acompañan?

AREÚSA.–Dos mozos.

CENTURIO.–Poco trabajo tiene ahí mi espada. Por ella soy temido por los hombres y querido por las mujeres, excepto por ti. Oye, para que todo se haga de acuerdo con tu gusto, elige qué muerte quieres que le dé.

ELICIA.–Areúsa, por Dios, que sólo le dé algunos golpes.

CENTURIO.–Os aseguro que le es más difícil a mi brazo derecho dar sólo unos pocos golpes sin matar que al sol dejar de dar vueltas en el cielo.

AREÚSA.–Prima, déjale que haga lo que quiera; que le mate a su gusto. Llore Melibea como tú lo has hecho.

CENTURIO.–Muy alegre quedo de poder demostrarte mi amor.

AREÚSA.–Pues Dios te ayude, que nos vamos.

CENTURIO.–*(En cuanto se queda solo.)* Ahora veré cómo evitar cumplir lo que he prometido. Puedo decir que me he puesto enfermo, pero entonces esperarán a que me cure. Pues, ¿qué haré para cumplir con lo que me han pedido sin correr peligro? Ya está. Llamaré a Traso, el cojo[19], y a sus dos compañeros y, con el pretexto de que yo estoy ocupado esta noche en otro asunto, les diré que vayan ellos a dar un susto a Calisto y a sus criados. No correrán ningún peligro, sólo tienen que hacerlos huir y volverse tranquilamente a dormir.

ESCENA QUINTA

En la calle, en la pared del jardín de Melibea.

CALISTO.–Mozos, poned la escalera, que me parece que está hablando mi señora. *(Ya dentro del jardín.)* ¡Oh mi señora Melibea!

MELIBEA.–¿Es mi señor de mi alma? ¿Es él? No lo puedo creer. Mira qué clara se nos muestra la luna. Escucha los árboles, cómo se saludan unas ramas con otras, movidas por el suave viento. Mira cómo están sus sombras preparadas para cubrir nuestro placer. *(Calisto ha comenzado a acariciarla.)* Y tú, señor, ¿cómo no mandas a tus manos que estén quietas? Mira que tus palabras me dan placer, pero tus manos me cansan. Deja quietas mis ropas. Disfrutemos de otros mil modos que yo te enseñaré. ¿Qué beneficio te trae romper mis vestidos?

LUCRECIA.–*(Hablando consigo misma.)* ¡Yo me estoy muriendo de ganas[81], y ella le rechaza! Pero parece que ya no se oyen ruidos.

MELIBEA.–¿Señor mío, quieres que mande a Lucrecia que traiga algún alimento?

CALISTO.–Mi único alimento es tener tu cuerpo y tu belleza.

LUCRECIA.–*(Hablando para sí misma.)* Ya me duele a mí la cabeza de escuchar y a ellos no les duelen los brazos de acariciarse, ni las bocas de besarse.

CALISTO.–Querría, señora, que nunca amaneciese para disfrutar siempre de la agradable conversación de tus dulces miembros.

MELIBEA.–Señor, yo soy la que disfruto; tú, señor, el que con tus visitas me haces tan gran favor.

SOSIA.–*(Fuera, a gritos.)* ¿Venís a asustarnos, malditos? Pues yo os aseguro que recibiréis el merecido castigo.

CALISTO.–Señora, es Sosia el que da voces. Déjame ir a ayudarle. Dame en seguida mi capa, que está debajo de ti.

MELIBEA.–¡No vayas sin tus armas! ¡Vuelve!

SOSIA.–*(Fuera.)* ¿Otra vez volvéis? Esperadme.

CALISTO.–Déjame ir, por Dios, señora, que está puesta la escalera.

MELIBEA.–¿Cómo vas, sin armas, a meterte entre quienes no conoces?

TRISTÁN.–*(Fuera.)* Señor, no bajes, que ya los hemos asustado; que no eran sino Traso, el cojo, y otros malditos, que pasaban dando gritos. No bajes, señor, que ya vuelve Sosia. ¡Agárrate, señor, a la escalera!

CALISTO.–*(Al intentar bajar, pisa mal y se cae desde lo alto de la pared.)* ¡Ayúdame, Dios mío! ¡Confesión!

TRISTÁN.–*(Fuera.)* ¡Acércate, Sosia, que nuestro amo se ha caído de la escalera, y no habla ni se mueve!

LUCRECIA.–¡Escucha, escucha! ¡Gran mal es éste!

MELIBEA.–¿Qué es lo que oigo?

TRISTÁN.–*(Fuera.)* ¡Oh mi señor! ¡Qué triste muerte, y sin confesión!

MELIBEA.–¡Oh triste de mí! ¿Qué es esto? ¡Mi placer se ha ido como el humo! ¡Mi alegría se ha perdido!

LUCRECIA.–Tristán, ¿por qué lloras con tanta pena?

TRISTÁN.–*(Fuera.)* Se ha caído mi señor Calisto de la escalera y ha muerto. Rota por tres sitios tiene la cabeza. Dile a Melibea, que no espere más a su amante. Llevemos su cuerpo adonde su honra no sufra daño. Venga con nosotros la tristeza, acompáñenos la soledad, vístanos el luto y los negros trajes.

MELIBEA.–¡Ay de mí, la más triste de las tristes!

LUCRECIA.–Señora, no te hieras la cara ni te arranques el pelo. Levántate, que no te encuentre tu padre en este lugar. Señora, ¿no me oyes? No te desmayes, por Dios.

MELIBEA.–¿Oyes lo que van diciendo aquellos mozos? ¿Oyes sus tristes canciones? ¡Muerta llevan mi alegría! ¡No es tiempo ya de vivir! ¿Cómo no disfruté más? ¿Cómo di tan poco valor al placer que tuve entre mis manos?

ESCENA SEXTA

Lucrecia ha ido corriendo a buscar a Pleberio.

PLEBERIO.–¿Qué quieres, Lucrecia? ¿Qué le ha pasado a mi hija que no me das tiempo para vestirme ni para levantarme?

LUCRECIA.–Señor, date mucha prisa si la quieres ver viva.

PLEBERIO.–Vayamos en seguida. *(Ya en la habitación de Melibea.)* Abre esa ventana, Lucrecia, para que pueda verle bien la cara. ¿Qué es esto, hija mía? Mírame, que soy tu padre. Habla conmigo. Háblame; mírame; dime la causa de tu dolor para que pueda ayudarte. Abre esos alegres ojos y mírame.

MELIBEA.–¡Ay, dolor!

PLEBERIO.–¿Qué dolor puede haber tan grande como verte a ti sufriendo? Dime, alma mía, la causa de tu sentimiento. Si me cuentas tu mal, no faltarán medicinas ni médicos para lograr tu salud. No me hagas sufrir y dime qué te pasa. Ya sabes que tú eres mi única riqueza.

MELIBEA.–¡Tengo una herida en medio del corazón que no me deja hablar!

PLEBERIO.–Levántate de ahí. Vayamos a pasear por las frescas orillas del río.

MELIBEA.–Vamos donde tú mandes. O mejor, subamos, señor, a la parte más alta de la torre[82], para disfrutar desde allí viendo los barcos. Y manda traer, padre mío, una guitarra con que acompañar mi dolor.

PLEBERIO.–Voy a buscarla, hija mía.

MELIBEA.–*(Ya en la parte más alta de la torre.)* Lucrecia, amiga mía, baja y dile a mi padre que se quede abajo, que le quiero decir algo para mi madre.

LUCRECIA.–Ya voy, señora.

ESCENA SÉPTIMA

Melibea se queda sola.

MELIBEA.–Bien se ha dispuesto el momento de mi muerte. Siento menos dolor al pensar que pronto estaremos jun-

–Hija mía, Melibea, ¿qué haces allí arriba sola? ¿Qué quieres decirme? ¿Quieres que suba?

tos mi amado Calisto y yo. Estoy sola y nadie podrá evitar que muera. Nadie me impedirá, al final de este camino que voy a recorrer, visitar hoy al que me visitó la pasada noche. Todo se ha hecho según mis deseos. Tendré tiempo para contarle a mi padre la causa de mi decisión. En gran soledad dejaré a mis padres, y quizá con mi muerte, haga más corta su vida. Tú, Dios mío, que eres testigo de mis pensamientos, ves que tengo perdida mi libertad; que mi amor por el caballero muerto es más fuerte que el que siento por mis padres vivos.

PLEBERIO.–*(Que ha vuelto con una guitarra.)* Hija mía, Melibea, ¿qué haces allí arriba sola? ¿Qué quieres decirme? ¿Quieres que suba?

MELIBEA.–Padre mío, no intentes subir adonde yo estoy porque impedirías lo que quiero decirte. Mi fin ha llegado. Han llegado mi descanso y tu dolor, han llegado mi alegría y tu pena, han llegado la hora de mi compañía y la hora de tu soledad. No son necesarias, padre mío, guitarras para acompañar mi dolor, sino campanas para enterrar mi cuerpo. Si me escuchas sin llorar, oirás la causa de mi obligado y alegre final. No me preguntes nada ni me respondas, porque, cuando el corazón está ciego por la pasión, no se oyen los consejos. Escucha, padre anciano, mis últimas palabras, y si las entiendes, como yo espero, no me culparás. Bien oyes las muestras de dolor que hace toda la ciudad. Oyes las campanas, los gritos de la gente, los ladridos de los perros. De todo esto soy yo la causa. Yo he puesto hoy de luto a los caballeros de esta ciudad; yo he dejado a muchos pobres sin el dinero que él les daba; yo he provocado que los muertos tengan la compañía del más perfecto hombre que ha existido; yo he dejado a los vivos sin su modelo de valor. Yo soy la causa de que la tierra disfrute antes de tiempo del mejor cuerpo que existía. Muchos días han pasado, padre mío, desde que supe que sufría por mi amor un caballero que se llamaba Calisto, al cual tú bien conociste. Era tan grande su dolor y tan poca la ocasión para hablarme, que descubrió su pasión a una astuta mujer llamada Celestina. Ella vino a mí de su parte, y yo le descubrí lo que a mi querida madre ocultaba. Ella encontró la manera para que se realizasen el deseo de Calisto y el mío, y así le di entrada en tu casa, y perdí mi virginidad. Disfrutamos durante casi un mes de ese agradable amor. Pero esta pasada noche, cuando él bajaba por la escalera, al oír ruidos en la calle, cayó al suelo, rompiéndose la cabeza. El destino cortó sin confesión su vida, cortó mi esperanza, cortó mi placer y mi compañía. Su muerte invita a la mía, y me invita sin retraso; moriré cayendo desde lo alto, para ser igual que él en todo. ¡Oh mi amor y señor Calisto, espérame, ya voy! Padre mío muy amado, no quiero decirte más palabras, pues veo que las lágrimas bajan por tu arrugada cara. Saluda a mi madre querida; cuéntale tú la triste causa de mi muerte. Siento más vuestro dolor que el mío propio. Dios quede contigo y con mi madre. A Él le ofrezco mi alma. Recibe tú este cuerpo que ahí baja.

Melibea se deja caer desde la torre.

ESCENA OCTAVA

Pleberio, en presencia del cuerpo sin vida de Melibea.

PLEBERIO.—*(Dirigiéndose primero a su mujer, que se ha acercado al escuchar sus gritos, y luego a las gentes que van llegando.)* ¡Ay, ay, mujer! ¡Toda nuestra riqueza se ha perdido! ¡No queramos vivir más! Mira allí, muerta, a nuestra hija. ¡Oh gentes que venís, oh amigos y señores, ayudadme a sentir mi dolor! ¡Oh mi hija! Más justo era que muriera yo, con mis sesenta años, que no tú, con tus veinte. ¡Oh mis canas[83], salidas para sufrir dolor, ojalá disfrutara de ellas la tierra y no de aquellos rubios cabellos que aquí veo! ¡Oh duro corazón de padre! ¿Cómo no te rompes de dolor, pues te has quedado sin tu amada hija? ¿Para quién construí torres y barcos? ¿Para quién planté árboles? ¡Oh tierra dura!, ¿cómo me sostienes? ¿Dónde hallará refugio mi vejez? ¡Oh destino! ¿Por qué no destruiste mis riquezas? ¿Por qué no quemaste mi casa? ¡Oh vida llena de desgracias! ¡Oh mundo, mundo! Muchos han hablado mal de ti; yo había callado hasta ahora tus mentiras para no provocar tu enfado, para que no me cortases antes de tiempo esta flor que hoy echaste fuera de ti. Ahora me pareces un río de lágrimas, mar de desgracias, dulce veneno, inútil esperanza, falsa alegría, sólo dolor. Prometes mucho, nada cumples. Corremos por los jardines de tus placeres, muy despreocupados, y descubrimos el engaño cuando ya no hay posibilidad de escapar. Pobre viejo, ¡qué solo estoy! Hija mía, Melibea, ¿qué haré cuando entre en tu habitación y la encuentre vacía? ¿Qué haré cuando te llame y no me respondas? ¿Quién podrá llenar el vacío que tú me dejas? ¿Quién me dará compañía en mi casa? Y ¿quién llevó a mi hija a morir, sino la terrible fuerza del amor? ¡Oh amor, amor! ¡No pensé que tenías poder para matar a los que te sirven! Tus heridas recibí cuando era joven, pasé por medio de tus fuegos. Bien pensé que había escapado a tus peligros cuando los cuarenta años alcancé; cuando fui feliz con mi compañera y mujer; cuando me vi con la hija que me has quitado el día de hoy. No pensé que en los hijos te vengabas de los padres. ¿Quién te hizo tan poderoso? ¿Quién te puso nombre que no te pertenece? Si amor fueses, amarías a los que te sirven; si los amases, no los castigarías; si viviesen alegres, no se matarían como ahora ha hecho mi amada hija. ¿Cómo han terminado todos los que te servían? La alcahueta Celestina murió a manos de los compañeros que había encontrado para servirte. Ellos murieron degollados; Calisto cayendo desde un alto lugar; mi triste hija quiso tomar la misma muerte para seguirle en todo. Todo esto provocas. Te dieron nombre dulce, pero tus obras son amargas. ¡Felices aquellos que no te conocieron! «Dios» te llaman algunos, pero ¿qué dios mata a los suyos? Tú, en cambio, matas a tus seguidores. Enemigo de amigos, amigo de enemigos, ¿por qué actúas sin orden ni medida? Del mundo me quejo que me hizo vivir en él; porque si no me hubiera dado la vida, yo no hubiera dado la vida a Melibea; si ella no hubiera nacido, no se habría enamorado; si no se hubiera enamorado, yo no habría llegado a este triste final. ¡Oh mi hija! ¿Por qué no permitiste que impidiese tu muerte? ¿Por qué no pensaste en tu querida y amada madre? ¿Por qué te mostraste tan cruel con tu viejo padre? ¿Por qué me dejaste cuando era yo quien, por mi edad, debía dejarte? ¿Por qué me dejaste triste y solo en este mundo que es un valle de lágrimas?

SOBRE LA LECTURA

Para comprobar la comprensión

PRIMERA PARTE

1. *¿Cómo reacciona Calisto cuando* en la escena primera *es rechazado por Melibea?*

2. *¿Qué le aconseja Sempronio a Calisto para conseguir el amor de Melibea,* en la escena segunda?

3. *Sempronio en la* escena segunda, *Pármeno en la escena cuarta hablan a Calisto de Celestina. ¿Quién es ésta? ¿A qué se dedica? ¿De qué la conoce Pármeno?*

4. *¿Cómo intenta convencer Celestina a Pármeno,* en la escena quinta, *para que se ponga de su parte y no estorbe su negocio?*

5. *Pármeno es leal a su amo. ¿Se lo agradece Calisto de alguna manera? ¿En consecuencia, qué decide hacer Pármeno en la escena séptima?*

6. *¿A quién pide ayuda Celestina* en la escena novena *para que Melibea se enamore de Calisto? ¿Cómo lo hace?*

SEGUNDA PARTE

7. *¿Con qué pretexto,* en la escena primera, *entra Celestina en casa de Melibea?*

8. *¿Cómo reacciona Melibea cuando Celestina le habla de Calisto? ¿Qué hace entonces Celestina para tranquilizar a la joven?*

9. *¿Se puede decir que la visita de Celestina a Melibea en la escena primera tiene éxito? ¿Por qué?*

10. *¿Cómo reacciona Calisto en la escena segunda cuando Celestina le cuenta lo que ha ocurrido en casa de Melibea? ¿Y cómo, cuando le da el cordón?*

11. *Después de pasar la noche con Areúsa, en la escena cuarta, Pármeno no vuelve a casa de Calisto hasta el mediodía. En todo este tiempo, ¿su amo le ha echado de menos? ¿Por qué? ¿Cómo vive Calisto?*

12. *En la escena sexta, ¿por qué razón discuten Sempronio y Elicia en casa de Celestina? ¿De qué manera termina esta discusión?*

TERCERA PARTE

13. *Según dice Celestina en la escena primera, ¿cuál es la causa y cuál la solución del dolor que sufre Melibea?*

14. *¿Cómo reacciona Melibea cuando Celestina le explica la causa de su dolor?*

15. *¿Qué noticias le da Celestina a Calisto en la escena segunda?*

16. *¿Qué le da Calisto a Celestina como premio por haberle conseguido a Melibea?*

17. *¿De qué forma reaccionan Sempronio y Pármeno cuando, durante la cita de Calisto y Melibea* en las escenas tercera y cuarta, *oyen ruido en la calle? ¿Corresponde esta manera de actuar con la opinión que Calisto tiene de sus criados? ¿Por qué?*

18. En la escena sexta, *Sempronio y Pármeno deciden ir a casa de Celestina. ¿Para qué?*

19. *¿Qué ocurre cuando Celestina se niega a repartir la cadena de oro?*

CUARTA PARTE

20. *¿Cómo reacciona Calisto cuando* en la escena primera *se entera de la muerte de sus criados y de Celestina? ¿En un primer momento qué piensa de los muertos? ¿Y después? ¿En consecuencia, le importan realmente estas muertes?*

21. *¿Se siente feliz Calisto después de haber conseguido a su amada* en la escena segunda? *¿De qué se lamenta* en la escena tercera? *¿Cómo piensa vivir desde ese momento?*

QUINTA PARTE

22. *¿Cómo se siente Areúsa cuando* en la escena primera *Elicia le cuenta las muertes de Pármeno, Sempronio y Celestina? ¿Vive Areúsa esta desgracia del mismo modo que Elicia? ¿Por qué?*

23. *¿Qué piensan hacer Elicia y Areúsa en contra de Calisto y Melibea?*

24. *¿De qué hablan los padres de Melibea* en la escena segunda, *cuando Lucrecia les está escuchando detrás de la puerta? ¿Qué opina Melibea del matrimonio?*

25. *¿De qué manera logra Areúsa sacar a Sosia la información sobre las citas de Calisto y Melibea?*

26. *¿A quién acuden Elicia y Areúsa* en la escena cuarta *para vengarse de Calisto y Melibea? ¿A qué se dedica este hombre? ¿Es tan valiente como dice ser? ¿Por qué?*

27. *¿Qué le ocurre a Calisto cuando* en la escena quinta *intenta salir del jardín de Melibea para ayudar a sus criados Sosia y Tristán?*

28. *¿Qué decide hacer Melibea al ver muerto a su amante? ¿De quién se despide antes? ¿Qué le dice?*

29. *¿Cómo reacciona Pleberio ante la muerte de su hija? ¿Qué piensa del mundo? ¿Qué del amor?*

Para hablar en clase

1. *La primera edición impresa de* La Celestina *apareció en Burgos, en 1499, con el título de* Comedia de Calisto y Melibea. *Éste se cambió en las ediciones posteriores por el de* Tragicomedia de Calisto y Melibea, *hasta que por razones comerciales se le dio el título actual. ¿Qué aspectos*

de la obra cree usted que pueden justificar el título original de Comedia? ¿Y el de Tragicomedia?

2. *En* La Celestina, *hay dos maneras de entender y vivir las relaciones amorosas: el sentimiento pasional y trágico de Calisto y Melibea; y las relaciones alegres y superficiales de Celestina, los criados y sus amigas. ¿Cuál de estas dos concepciones se aproxima más a su idea del amor? ¿Por qué?*

3. *En la escena segunda de la primera parte, Sempronio le dice a Calisto: «sólo por el hecho de ser hombre ya eres superior a ella (Melibea)». ¿Qué opina usted de esta afirmación?*

4. *¿Existen en la actualidad personas que, como la Celestina, se ganan la vida como intermediarias de relaciones amorosas? ¿Recurriría usted a ellas? ¿Por qué? ¿Conoce a alguien que lo haya hecho?*

5. *¿Consiguió Calisto el amor de Melibea gracias al conjuro de Celestina? ¿Por qué? ¿Cree usted en el poder de la hechicería y de los hechiceros?*

6. *En* La Celestina, *los personajes utilizan un lenguaje vivo, lleno de refranes y expresiones del habla popular. ¿Cree usted que los refranes expresan grandes verdades? ¿Conoce algún equivalente en su lengua de los refranes aparecidos en esta obra?*

NOTAS

Estas notas proponen equivalencias o explicaciones que no preten-
den agotar el significado de las palabras y expresiones siguientes
sino aclararlas en el contexto de *La Celestina*.

m.: masculino, *f.:* femenino, *inf.:* infinitivo.

La Celestina *f.:* fue tan grande el éxito de la
obra y tanto impactó en la imaginación de los
lectores que el nombre de **celestina** (*f.*) ha
pasado a significar **alcahueta**.

[1] **alcahueta** *f.:* mujer que interviene para po-
ner en contacto a un hombre con una mujer,
para favorecer su relación amorosa y ayu-
darlos a mantenerla secreta.

[2] **prostituta** *f.:* mujer que mantiene relaciones sexuales a cambio de dinero.

[3] **Salamanca:** en ningún momento de la obra
se menciona Salamanca. Pero algunos de
los lugares aludidos en el texto, así como el
hecho de que su autor lo escribiera en esta
ciudad, en cuya Universidad estudió, per-
miten suponer que es el lugar de la acción.

[4] **de sangre noble:** pertenece a la alta clase
social por nacimiento y origen. Más adelante, **noble** significa persona generosa, honrada, en quien se puede confiar.

[5] **astuta:** muy lista, que tiene **astucia** (*f.*), es
decir, capacidad para conseguir fácilmente
lo que quiere, para engañar a otros, y para
evitar los engaños de los demás.

halcón

⁶ **halcón** *m.:* ave rapaz, que antiguamente se usaba para cazar.

⁷ **cielo** *m.:* en la religión católica, lugar adonde las almas puras van a reunirse con Dios y los santos.

⁸ **premio** *m.:* aquello que se da a alguien como reconocimiento de una buena acción, un servicio o un trabajo realizado.

⁹ **virtud** *f.:* cualidad moral que se considera buena en una persona. Antiguamente, una de las **virtudes** reconocidas en la mujer era la pureza de su vida y la conservación de su **virginidad** (ver nota 27).

¹⁰ **maldito:** que merece el castigo de Dios.

¹¹ **señor** *m.:* amo, persona para la que trabajan los criados.

¹² **diablo** *m.:* en la religión católica, príncipe de los espíritus del mal.

¹³ **Mira (...) se dolía:** *Está mirando Nerón desde la roca Tarpeya / cómo se quemaba Roma; / gritan los niños y los viejos / y a él no le provocaba ningún dolor.* **Nerón** (37-68 d.C.) fue un emperador romano, al que se atribuye el gran incendio de Roma del año 64, hecho del que acusó a los cristianos y que utilizó como pretexto para realizar la primera persecución contra ellos. **Tarpeya** es el nombre de una de las siete colinas que se encuentran dentro del recinto de la antigua Roma. Esta canción es un romance muy conocido en la época y que aparece recogido también, aunque con

variaciones, en *Don Quijote de la Mancha* de Miguel de Cervantes. El romance, composición poética de origen popular, nació en España durante la Edad Media, y fue creado para ser cantado o recitado con el acompañamiento de algún instrumento músico.

[14] **el fuego de mi amor:** en la lengua literaria del periodo medieval y del Renacimiento, el sentimiento amoroso era frecuentemente comparado con el fuego.

[15] **purgatorio** *m.:* según la religión católica, lugar de sufrimiento donde las almas acaban de purificarse antes de reunirse con Dios en el **cielo** (ver nota 7).

[16] **hereje** *m.:* persona que comete **herejías** (*f.*), que son actos contrarios a los principios de la religión católica.

[17] **melibeo:** adjetivo inventado por Calisto para definir su absoluta dependencia de Melibea.

[18] **adoro** (*inf.:* **adorar**): trato como si fuera Dios.

[19] **sé de qué pie cojeas:** expresión coloquial que significa «conozco tus defectos, tus debilidades». **Cojear** es andar mal o con dificultad por tener algún defecto físico o dolor en las piernas o los pies. El **cojo** (*m.*) es la persona que **cojea**.

[20] **lágrimas** *f.:* líquido que asoma a los ojos y cae por la cara cuando se está llorando.

²¹ **lujuria** *f.:* actividad o deseo sexual exagerado.

²² **cabellos** *m.:* pelo.

²³ **En sus trece está:** expresión coloquial que significa que alguien no está dispuesto a cambiar de opinión o de actitud, por considerar que tiene razón.

²⁴ **jubón** *m.:* vestido ajustado, con o sin mangas, que llevaban los hombres durante la Edad Media y el Renacimiento.

²⁵ **obra de caridad** *f.:* acción con que se ayuda a un enfermo, a un pobre o a otra persona que tiene una necesidad.

²⁶ **hechicera** *f.:* mujer que mediante prácticas mágicas como llamadas al **diablo** (ver nota 12), busca ejercer influencia, generalmente negativa, sobre las personas. Antiguamente, los **hechiceros** eran condenados por el tribunal religioso de la Santa Inquisición a ser quemados en la hoguera.

²⁷ **se han hecho y deshecho más de cinco mil virgos:** realizando una serie de operaciones seudomédicas, se ha conseguido que cinco mil jóvenes que habían mantenido relaciones sexuales completas por intervención de Celestina, y en consecuencia, habían perdido el **virgo**, aparenten conservarlo todavía. El **virgo** (*m.*) o himen, es la membrana que cubre el orificio externo de la vagina de la mujer. La **virginidad** (*f.*) es el estado o la condición de la mujer que conserva el **virgo**.

jubón

manto

28 **manto** *m.:* ropa amplia, sin mangas y abierta por delante, que cubre desde la cabeza o los hombros hasta los pies y que llevaban las mujeres sobre el vestido.

29 **quédate con Dios:** fórmula de despedida muy usada antiguamente. Otras variedades equivalentes son: **Dios esté contigo, vete con Dios, que Dios te guarde**, etc.

30 **las paredes tienen oídos:** expresión coloquial que significa que podemos ser oídos por alguien, aunque creamos estar solos o entre personas de nuestra confianza.

31 **puta** *f.:* **prostituta** (ver nota 2) en lenguaje vulgar. **Hijo de puta** (*m.*) es un insulto muy fuerte.

32 **rebuznando** (*inf.:* **rebuznar**): emitiendo sonidos los burros.

33 **serví** (*inf.:* **servir**): aquí, estuve al servicio de una persona, es decir, trabajé para ella, fui su criado. Más adelante, **servir** significa amar, pretender el amor de una mujer, según la tradición medieval del «amor cortés» que consideraba a la amada como a un señor feudal y al enamorado como a su vasallo o **siervo** (ver nota 68).

34 **capa** *f.:* prenda de abrigo larga y suelta, sin mangas y abierta por delante, que se lleva encima de la ropa.

35 **finge** (*inf.:* **fingir**): muestra con palabras, gestos o acciones algo distinto a la realidad para engañar a alguien.

capa

³⁶ **arca** *f.:* caja grande, generalmente de madera, que se puede cerrar con llave y sirve para guardar ropa, dinero u otros objetos.

³⁷ **la punta de la barriga:** referencia directa al órgano sexual masculino.

³⁸ **lo otro:** referencia a las relaciones sexuales.

³⁹ **leal:** persona honrada en quien se puede confiar sin temor de que nos engañe.

⁴⁰ **A río revuelto, ganancia de pescadores:** refrán que significa que en situaciones de confusión y desorden es más fácil obtener beneficios.

arca

⁴¹ **esclavas** *f.:* mujeres que no son libres y que están bajo el poder de otra persona que puede decidir sobre sus vidas.

⁴² **conjuro** *m.:* fórmula establecida que los **hechiceros** (ver nota 26) dicen, recitan o escriben para conseguir que el **diablo** (ver nota 12) cumpla lo que ellos desean. Hacer un conjuro es **conjurar** (*inf.*).

⁴³ **infiernos** *m.:* según la religión católica, lugar donde las almas de los muertos sufren penas eternas por no haber llevado una vida de acuerdo con las leyes de Dios.

⁴⁴ **hilo** *m.:* fibra larga y delgada de una materia textil como el algodón, lana, etc., que se usa para fabricar telas o para coser.

⁴⁵ **cuchillada** *f.:* señal que queda en la piel a consecuencia de una herida producida por un corte de cuchillo o de otra arma blanca,

cordón

como la **espada** (ver nota 55); también, cada golpe que se da con el cuchillo o con el arma y que provoca esta herida.

46 **vejez** *f.:* etapa de la vida en que se considera vieja a una persona.

47 **hablar entre dientes:** hablar en voz baja para no ser oído.

48 **honra** *f.:* honor, fama, buena opinión que la gente tiene de una persona, o que esta persona tiene de sí misma, por actuar como se debe. En los siglos XV, XVI y XVII, la **honra** de la familia dependía de la **virtud** (ver nota 9) de las mujeres.

49 **oración de Santa Polonia** *f.:* texto establecido por la Iglesia Católica para pedir a **Santa Polonia**, protectora de las personas que sufren dolores de muelas, que desaparezcan estos dolores.

50 **cordón** *f.:* cuerda redonda de seda, lana u otra materia, con que las mujeres se sujetaban el vestido a modo de cinturón.

51 **reliquias** *f.:* partes del cuerpo de un santo o algo que éste ha tocado o le ha pertenecido, y que los seguidores de la religión católica tienen en gran respeto al atribuirles propiedades beneficiosas y curativas.

52 **ángel** *m.:* en la religión católica, ser sobrenatural, espíritu puro que sirve a Dios. Normalmente se le representa con una figura humana muy hermosa y con alas.

ángel

117

⁵³ **Narciso:** personaje de la mitología griega. Era un joven de tan extraordinaria belleza que se enamoró de sí mismo al verse reflejado en las aguas de una fuente.

⁵⁴ **codiciosa:** persona que tiene **codicia** (*f.*), que es un gran deseo de riquezas.

⁵⁵ **espada** *f.:* arma blanca, de hoja de acero larga, recta y cortante por los dos lados.

⁵⁶ **luto** *m.:* manifestación externa de dolor por la muerte de una persona querida, que consiste en vestirse con ropa de color negro, no asistir a fiestas ni a otras diversiones.

⁵⁷ **estatura** *f.:* lo que mide una persona.

⁵⁸ **se te cae la baba:** «sientes gran placer», «disfrutas mucho» en lenguaje coloquial.

⁵⁹ **mozos** *m.:* hombres jóvenes, sobre todo si siguen solteros; además, empleados, criados. **Mozo de caballos** es el criado que se ocupa de cuidar los caballos de su amo.

⁶⁰ **fuercen** (*inf.:* **forzar**): obliguen a mantener relaciones sexuales por la fuerza.

⁶¹ **dolor de la madre** *m.:* malestar y otras molestias que cada mes sufren las mujeres durante los días de la menstruación. La **madre** (*f.*) es la matriz u órgano del aparato reproductor de la mujer donde se desarrolla el hijo antes de nacer.

⁶² **desvestir a un santo para vestir a otro:** expresión coloquial que significa «quitar a una persona alguna cosa para dársela a otra a quien no le hace más falta».

espada

[63] **está amaneciendo** (*inf.:* **amanecer**): está empezando a aparecer la luz del día.

[64] **quien a buen árbol se arrima...**: el refrán completo es: «Quien a buen árbol se arrima, buena sombra le cobija». Significa que cuando alguien es protegido por una persona importante, le resulta fácil conseguir sus objetivos.

[65] **vomitar:** echar violentamente por la boca los alimentos contenidos en el estómago.

[66] **asco** *m.:* malestar físico provocado por alguna cosa muy desagradable.

[67] **desmayos** *m.:* pérdidas momentáneas de la conciencia de sí mismo y del mundo exterior. Sufrir **desmayos** es **desmayarse** (*inf.*).

[68] **siervo** *m.:* **esclavo** (ver nota 41), en especial, el que antiguamente pertenecía al señor de las tierras en que vivía; aquí, enamorado que **sirve** (ver nota 33) a una dama.

[69] **mudo** *m.:* persona que no puede hablar.

[70] **escudo** *m.:* arma que se llevaba en el brazo izquierdo para defenderse de un golpe o de un ataque enemigo.

[71] **alguacil** *m.:* representante de la administración de justicia.

[72] **quien mucho abarca, poco aprieta:** refrán que significa que quien se ocupa de muchos asuntos al mismo tiempo, no suele realizar bien ninguno.

escudo

73 **no me hinches las narices:** expresión coloquial que significa «no me hagas enfadar».

74 **amenazarme** (*inf.:* **amenazar**): comunicarme su intención de hacerme daño.

75 **confesión** *f.:* en la religión católica, acto en el que una persona cuenta sus pecados a un cura para obtener el perdón. Los católicos creen que morir sin confesión puede significar ir condenados al **infierno** (ver nota 43).

76 **Tristanico:** diminutivo de Tristán.

77 **han sido degollados** (*inf.:* **degollar**): han sido asesinados, les han cortado el cuello.

78 **lo que no se puede arreglar ni con todos los tesoros del mundo:** Melibea se está refiriendo aquí a la inminente pérdida de su **virginidad** (ver nota 27).

torre

79 **juzgar:** decidir si alguien es inocente o culpable.

80 **vengarnos** (*inf.:* **vengarse**): responder a una ofensa o un daño recibido causando otra ofensa o daño a la persona que consideramos culpable de ello.

81 **morirse de ganas:** expresión coloquial que significa «tener grandes deseos de algo».

82 **torre** *f.:* construcción más alta que ancha, de base redonda, cuadrada o poligonal, que en una casa era signo de poder y **nobleza** (ver nota 4).

DAVID GLENN HUNT
MEMORIAL LIBRARY
GALVESTON COLLEGE

83 **canas** *f.:* **cabellos** blancos (ver nota 22).